Mecklenburg-Vorpommern mit dem Wohnmobil

Das Umweltfotofestival »horizonte zingst« wird seit 2008 veranstaltet.

Udo Bernhart · Herbert Taschler

MECKLENBURG-VORPOMMERN MIT DEM WOHNMOBIL

Die schönsten Routen zwischen Ostsee und Seenplatte

BRUCKMANN

INHALT

Willkommen auf dem Campingplatz »Am Freesenbruch« in Zingst

WILLKOMMEN IN MECKLENBURG-VORPOMMERN

Mecklenburg-Vorpommern ist ein ideales Reiseziel für Naturliebhaber und Wasserratten, für Sportbegeisterte und Ruhesuchende, für Kulturinteressierte und Genießer. Die Ziele sind vielfältig: wilde Steilküsten und feine Sandstrände, historische Seebäder, Tausende von Seen, faszinierende Inseln, magische Küstenwälder, sanfte Hügel, grüne Alleen und liebevoll herausgeputzte Hansestädte laden ein ...

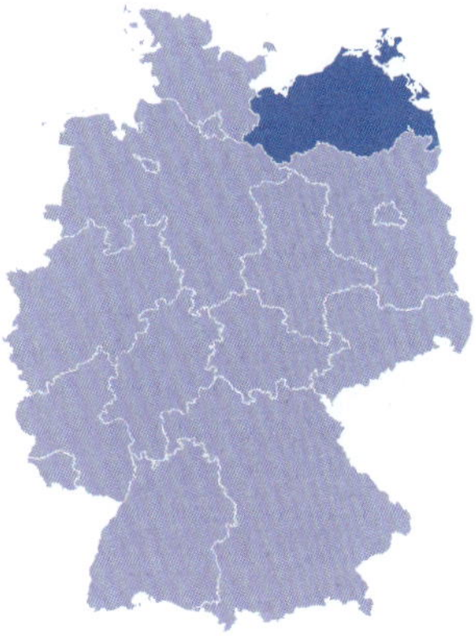

2000 km Küste

Mit einer Küstenlänge von 2000 Kilometern hat Mecklenburg-Vorpommern die längste Küste aller deutschen Bundesländer.

Seenland

Mit über 2000 Seen gehört Mecklenburg-Vorpommern zu den seenreichsten Gebieten in Deutschland. Größter innerdeutscher See ist die Müritz.

Insel Rügen

Rügen liegt vor der Ostseeküste Vorpommerns und ist die größte und bevölkerungsreichste Insel Deutschlands.

Naturschutz

Zu Mecklenburg-Vorpommern gehören drei der 16 deutschen Nationalparks und damit mehr als zu jedem anderen Bundesland. Zudem gibt es acht Naturparks und hunderte Landschafts- und Naturschutzgebiete.

Burgen und Schlösser

Über 2000 Schlösser, Burgen und Gutshäuser befinden sich auf dem Gebiet von Mecklenburg-Vorpommern, darunter prachtvolle Residenzschlösser wie in Schwerin oder Jagdschlösser wie in Granitz auf der Insel Rügen.

Bäderarchitektur

Unterschiedliche Baustile – vom Klassizismus über den Historismus bis hin zum Jugendstil – sind charakteristisch für die einmalige Architektur der deutschen Seebäder. Der Baustil wurde erstmals im 1793 gegründeten Heiligendamm, dem ältesten europäischen Seebad, angewendet.

Deutschlands größter Campingplatz

In Ückeritz auf Usedom liegt Deutschlands größter Campingplatz: Über 5 Kilometer lang ist der Naturcampingplatz »Am Strand«. Zu DDR-Zeiten haben hier im Sommer über 12 000 Menschen ihre Ferien verbracht.

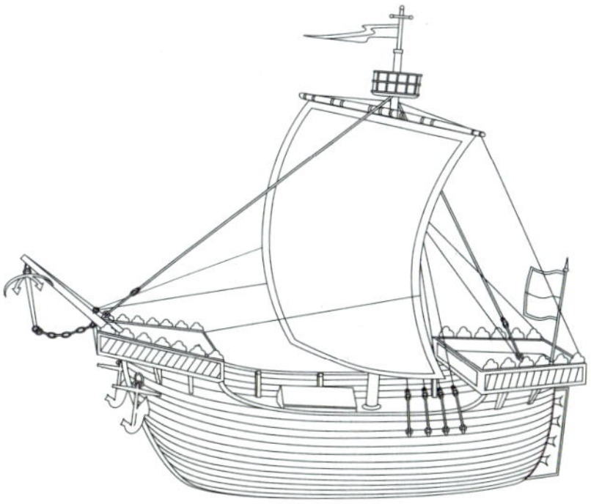

Hansestädte

Heute gibt es noch 27 Hansestädte in Deutschland, im Mittelalter gab es an die 100. Unsere Reise geht von Anklam über Greifswald und Stralsund nach Rostock und Wismar, Städte, die von der Backsteinarchitektur geprägt sind, und zu einem guten Teil zum Weltkulturerbe zählen.

Typisch Mecklenburg-Vorpommern

Tüffel un Plum (Kartoffelsuppe mit Pflaumen und Speck), Fliederbeersuppe, Schwemmklöße, Buttermilchkartoffeln sowie Birnen, Bohnen und Speck zählen zu den bodenständigen Gerichten des Landes. Die Ostsee und zahlreiche Binnengewässer bescheren eine reiche Fischküche.

Die 508 Meter lange Seebrücke Heringsdorf auf der Ostseeinsel Usedom

LAND AM MEER

Die Natur- und Kulturlandschaft Mecklenburg-Vorpommerns gehört zu den schönsten Reisezielen in Deutschland.

UNTERWEGS IN MECKLENBURG-VORPOMMERN

Es gibt wohl kaum ein Bundesland in Deutschland, das sich besser für eine Reise mit dem Wohnmobil eignet als Mecklenburg-Vorpommern. Die Ziele sind vielfältig. Sie reichen von den historischen Seebädern an der Ostsee bis zur Mecklenburgischen Seenplatte mit ihren Tausenden Seen und zu den faszinierenden Inseln Usedom, Rügen und Poel. Wem das nicht reicht, der fährt eine der liebevoll renovierten und herausgeputzten Hansestädte an.

EIN BISSCHEN GESCHICHTE

Mecklenburg-Vorpommern, auf niederdeutsch »Mäkelborg-Vörpommern«, liegt im Nordosten Deutschlands im Zentrum des südlichen Ostseeraumes. Es grenzt im Norden an die Ostsee, im Westen an Schleswig-Holstein und Niedersachsen, im Süden an Brandenburg und im Osten an die Woiwodschaft Westpommern der Republik Polen. Die Geschichte von Mecklenburg-Vorpommern als politische Einheit beginnt erst 1945 durch die Vereinigung des Landes Mecklenburg mit dem bei Deutschland verbliebenen Teil Vorpommerns. Jede der beiden Regionen durchlief zuvor über Jahrhunderte hinweg eine weitgehend eigenständige Geschichte. Im Zuge einer Verwaltungsreform in der DDR wurde das Land 1952 aufgelöst und auf die drei Bezirke Rostock, Schwerin, Neubrandenburg aufgeteilt. Mecklenburg-Vorpommern, so wie es sich heute präsen-

Das Schweriner Schloss war einst Residenz der mecklenburgischen Herzöge.

tiert, wurde 1990 als deutsches Bundesland neu gegründet.
Mit 1,6 Millionen Einwohnern ist es das am dünnsten besiedelte deutsche Bundesland. Das Land gliedert sich in sechs Landkreise und zwei kreisfreie Städte. Seine Landeshauptstadt ist Schwerin, die größte Stadt des Landes ist Rostock mit über 200 000 Einwohnern.

MEER, SEEN, INSELN UND NATURPARKS

Mit einer Küstenlänge von 2000 Kilometern hat Mecklenburg-Vorpommern die längste Küste aller deutschen Bundesländer. Den Großteil davon nehmen Buchten und die stark durch Lagunen und Meerengen gegliederte Vorpommersche Bodden- und Haffküste ein.
Die beiden größten Inseln Rügen und Usedom sind zugleich Deutschlands größte Inseln. Weitere größere Inseln sind Poel, Ummanz und Hiddensee. Die bedeutendste Halbinsel ist Fischland-Darß-Zingst. Zu den bekannten Binneninseln des Landes gehören die Altstadtinsel von Malchow im Malchower See, die Schlossinsel Mirow und die Neubrandenburger Torpedo-Trümmerinsel im Tollensesee.
Das Land wird durch Flüsse und Kanäle mit einer Gesamtlänge von mehr als 26 000 Kilometer durchkreuzt. Hinzu kommt eine einzigartige Seen- und Wasserlandschaft mit über 2000 Seen, von denen der größte die Müritz ist, der flächengrößte binnendeutsche See.
Mit dem Nationalpark Jasmund, dem Nationalpark Vorpommersche Boddenlandschaft und dem Müritz-Nationalpark liegen insgesamt drei der 16 deutschen Nationalparks in Mecklenburg-Vorpommern, zudem gibt es acht Naturparks und Hunderte Landschafts- und Naturschutzgebiete.

↑ Strandmöwe an der Ostsee
↓ Strandkörbe im Ostseebad Selin

SECHS ROUTEN ZU TRAUMZIELEN

Unsere sechs ausgewählten Routen führen zu den schönsten Plätzen in Mecklenburg-Vorpommern:
Tour 1 geht auf die Insel Rügen vor der Ostseeküste Vorpommerns. Zwischen blauen Wellen, weißer Kreide und grünen Wipfeln lockt das Eiland seine Gäste mit salziger Seeluft, schäumender Gischt und den unvergesslichen Konzerten munterer Möwen.
Die Städte-**Tour 2** führt von Anklam über Greifswald und Stralsund nach Rostock, Wismar und Schwerin – Städte, die von der Backsteinarchitektur geprägt sind und zu einem guten Teil zum Weltkulturerbe zählen.
Ziel von **Tour 3** ist die Ostsee- und Boddenküste, ein flachgründiger Teil der Ostsee,

Reetdachdecker im Fischerdorf Vitt

der durch größere Landzungen vom offenen Meer getrennt wird, sowie die 45 Kilometer lange Halbinsel Fischland-Darß-Zingst.
Zu einer Tausend-Seen-Tour in die Mecklenburgische Seenplatte mit dem größten, vernetzten Wassersportrevier Europas lädt **Tour 4**: von Röbel/Müritz über Neubrandenburg nach Waren/Müritz.
In **Tour 5** stehen die Insel Usedom und Pommerns Küste auf dem Programm. Usedom zählt zu den beliebtesten Urlaubsinseln an der deutschen Küste. Hauptattraktionen sind die insgesamt 40 Kilometer langen, feinsandigen und bis zu 70 Meter breiten Strände, die weitgehend unberührte Natur und die exklusiven Seebäder mit ihrer faszinierenden Bäderarchitektur.
Auf der Seebad-**Tour 6** zwischen Rostock und Wismar präsentiert sich die Landschaft mal lieblich und mal rau: mit herrlichen Sandstränden, wilden Steilküsten und dichten Küstenwäldern, mit sanften Hügeln, fetten Weiden und grünen Alleen. Die traditionellen Seebäder liegen aufgereiht wie an einer Perlenkette an den Ostseestränden.
Wie man die einzelnen Touren am besten plant und anlegt, kann sehr unterschiedlich sein. Bei den **Routen an der Ostseeküste** oder an der Mecklenburgischen Seenplatte empfiehlt es sich, mit dem Wohnmobil immer wieder weiterzuziehen. Meistens bleibt man nur ein bis zwei Tage an einem Platz, macht eine Rundtour oder fährt die Küste von A nach B ab.
Bei den **Inseltouren** auf Usedom, Rügen oder Poel empfehlen wir, einen geografisch und strategisch gut gelegenen Campingplatz etwas abseits vom großen Trubel anzufahren. Dort kann man seine Basis aufschlagen und dann Tagestouren mit dem Rad unternehmen. So kann man die schönen Promenaden, Dämme, Strände und Küstenrouten am besten erkunden. Die meisten Leuchttürme, Kaps und viele andere Sehenswürdigkeiten erreicht man ohnehin nur zu Fuß oder mit dem Rad. Da die Entfernungen doch relativ groß sind, ist ein leichtes Rad wie zum Beispiel ein Gravelbike erste Wahl. Damit ist es kein Problem, bis zu hundert Kilometer am Tag zurückzulegen. Im Gegenteil, es macht Spaß, man hat Bewegung und verbraucht kein Benzin.
Bei den **Städtetouren** haben Wohnmobile in den Innenstädten generell nichts zu suchen. Es gibt aber in allen Hansestädten zentrumsnahe Park- und Stellplätze. Von dort empfiehlt es sich je nach Ausdehnung und Größe der Stadt, entweder zu Fuß oder mit dem Rad auf Erkundungstour zu gehen.
Abwechslungsreicher und entspannter als im Nordosten Deutschlands kann ein Urlaub mit dem Wohnmobil – in unserem Fall mit dem Bulli – kaum sein. Camper können zwischen einfachen Wohnmobilstellplätzen – teils kostenlos, teils kostenpflichtig – und Luxus-Campingplätzen am Meer wählen. Für jeden Urlaubs-Geschmack ist etwas dabei, egal ob man wenige Tage oder mehrere Wochen bleiben möchte.

Udo Bernhart
Herbert Taschler

↑ Fahrradverleih am Naturcamping Hafen Stagnieß ↓ Europas längster Campingplatz in Ückeritz

Idylle am Tiefwarensee
in der Mecklenburgischen
Seenplatte

DIE ROUTEN

Sechs ausgewählte Routen führen zu den schönsten Plätzen in Mecklenburg-Vorpommern.

Die spektakulären Kreidefelsen auf der Insel Rügen

1

INSELTOUR RÜGEN

Zu den Seebädern vor der Ostseeküste Vorpommerns

Rügen liegt vor der Ostseeküste Vorpommerns und ist die größte und bevölkerungsreichste Insel Deutschlands. Mit den wunderschönen Sandstränden, sattgrünen Buchenwäldern und spektakulären Kreidefelsen gehört Rügen zu den beliebtesten Urlaubszielen in Deutschland. Die Insel Hiddensee, Rügens schöne Schwester, wartet mit entschleunigender Ruhe in Kombination mit Entspannung und Kultur auf.

Unsere Inseltour beginnt an der Rügenbrücke. Die mautfreie, dreistreifige Brücke ist Deutschlands größte Schrägseilbrücke und verbindet Deutschlands größte Insel mit dem Festland. Kernstück der insgesamt 4097 Meter langen Querung bildet der 2831 Meter lange und bis zu 127,75 Meter hohe Brückenzug über den Strelasund, der die Insel Rügen vom vorpommerschen Festland trennt. Die Brücke dient ausschließlich dem Kraftfahrzeugverkehr zwischen der Hansestadt Stralsund und Altefähr auf Rügen.

Garz, die älteste Stadt auf Rügen

SEEBAD ALTEFÄHR UND GARZ

Die Gemeinde **Altefähr** befindet sich am Ufer des Strelasunds. Als ehemaliges Fährdorf und einst einzige Verbindung für Zugverbindungen zwischen dem Festland und der Insel, blickt Altefähr auf eine bald 800-jährige Geschichte zurück – der beschauliche Ort wurde im Jahr 1240 erstmals urkundlich erwähnt. Seit dem frühen 19. Jahrhundert ist Altefähr auch als beliebter Naherholungsort der Stralsunder bekannt. Sehenswürdigkeiten sind neben dem schmucken Zentrum mit den historischen Wohnhäusern auch die spätgotische Dorfkirche St. Nikolai aus dem 15. Jahrhundert, ein Backsteinbau mit saalartigem Langhaus mit meisterhaften Wandmalereien und einem mächtigen Westturm.
Garz ist die älteste und zugleich kleinste Stadt der Insel Rügen. Die Stadt liegt im Sü-

ROUTE 1

STARTPUNKT
Rügenbrücke

ENDPUNKT
Hiddensee

STRECKEN
Landstraßen, Fähre, Fahrradwege

STRECKENLÄNGE
ca. 150 km

FAHRZEIT
7 bis 10 Tage

BESTE JAHRESZEIT
April bis Oktober

Start
Rügenbrücke
Altefähr
Garz
29 km
Putbus

KULTUR

ERNST MORITZ ARNDT MUSEUM

In Garz befindet sich das älteste Museum der Insel, das Ernst Moritz Arndt Museum. In dem 1937 eröffneten Museum am Burgwall präsentieren wechselnde Ausstellungen Werk und Wirkung des 1769 auf Rügen geborenen, streitbaren Publizisten, Universitätsprofessors und Schriftstellers. Weitere Ausstellungen informieren über die Kulturgeschichte der Stadt Garz und der Insel Rügen anhand literarischer Quellen, archäologischer Funde und von bedeutenden Sachzeugnissen.

den der Insel, etwa fünf Kilometer von der Küste entfernt und direkt an der Deutschen Alleenstraße in Richtung Putbus, in einer flachwelligen Umgebung. Die höchste Erhebung der Gemeinde ist der Kanonenberg mit 34 Höhenmetern. Südlich von Garz liegt mit dem Garzer See einer der wenigen größeren Seen auf der Insel Rügen. Die Gegend um Garz war bereits in der jüngeren Bronzezeit besiedelt.

PUTBUS, DIE WEISSE STADT

Unweit des zwischen den Halbinseln Mönchgut und Zudar gelegenen Rügischen Boddens liegt **Putbus**. Hier gibt es direkt am Circus Parkplätze am linken Straßenrand, die für kleinere Gefährte wie VW Bullis groß genug sind. Einen gebührenpflichtigen Parkplatz gibt es am unteren linken Ende vom Circus an der Ecke Alleenstraße/Circus.

↑ Putbus, Obelisk am Circus
↗ Im Schlosspark von Putbus

Putbus ist zwar die jüngste Stadt auf der Insel Rügen, hat aber mit dem Ortsteil Lauterbach das älteste Seebad auf der Insel zu bieten. Gegründet wurde sie 1810 von Fürst Wilhelm Malte I., der sie als sogenannte Planstadt im klassizistischen Architekturstil so ausbauen ließ, dass sie zu Schloss und Schlosspark passte. Die weiß gestrichenen Häuser gaben dem Ort schon bald den Beinamen »Weiße Stadt auf Rügen«. Wegen der zahlreichen Rosenstöcke vor den historischen Gebäuden wird Putbus auch »Rosenstadt« genannt.

Zu den Sehenswürdigkeiten der Stadt zählen der im Stil eines englischen Landschaftsparks angelegte **Schlosspark** mit dem Wildgehege für Rot- und Damwild, die rekonstruierte und als künstlerisches Ausstellungszentrum eröffnete **Orangerie** von 1824, die aus dem ehemaligen Kursalon umgebaute **Schlosskirche** von 1846, der im Stil des Klassizismus mit 16 Rundbogenfenstern und drei Rundbogenportalen 1824 neu angelegte **Marstall**, das **Mausoleum** im neugotischen Stil aus dem Jahr 1867 und der sogenannte **Circus** als kreisrunder Platz, auf dem alle Straßen zusammenlaufen.

Der zu Putbus gehörende Ortsteil Lauterbach wurde nach dem Vorbild von Heiligendamm ab 1816 zum ersten **Seebad** auf Rügen umgebaut. Mit der Errichtung des Badehauses Goor unmittelbar an der Ostsee hielt die Bäderarchitektur auf der Insel Einzug. Das **Putbusser Uhrenmuseum** zeigt über 1000 Uhrenexponate aus dem 15. bis 19. Jahrhundert. Darüber hinaus gibt es ein **Puppen- und Spielzeugmuseum**. Ende des 19. Jahrhunderts wurde Putbus an das Eisenbahnnetz angeschlossen. Der Ort wurde zum Heimatbahnhof der Schmalspurbahn **Rasender Roland**, der von Lauterbach über Binz und am Jagdschloss Granitz vorbei bis nach Göhren dampft.

Putbus
Circus Putbus
Schlossgarten
Seebad Lauterbach
28 km
Halbinsel Mönchgut/ Thiessow

HALBINSEL MÖNCHGUT/THIESSOW

Die **Halbinsel Mönchgut** im Südosten von Rügen wird nördlich von Baabe durch den Mönchgraben vom übrigen Teil der Insel abgegrenzt. Wer auf den Lotsenberg möchte, parkt am besten am gebührenpflichtigen Parkplatz »Thiessow Südstrand« am südlichen Ende der Halbinsel. Aber bitte nur parken, nicht campen! Wer beim Übernachten erwischt wird, muss mit einer Strafe von

Die Halbinsel Mönchgut im Südosten von Rügen

bis zu 5000 Euro rechnen. Das Wohnmobil kann man getrost in Thiessow stehen lassen, denn alles im Ort und der Umgebung ist bequem zu Fuß oder mit dem Rad zu erreichen. Mönchgut besteht aus mehreren Landzungen, trennt die Ostsee vom Greifswalder Bodden und gehört vollständig zum 23 500 Hektar großen Biosphärenreservat Südost-Rügen. Geführte Wanderungen mit Rangern bieten unzählige Möglichkeiten, diese einzigartige geschützte Landschaft zu erkunden und zu genießen. Radler kommen ebenso voll auf ihre Kosten.

Die Halbinsel wird von einer malerischen, leicht gewellten Landschaft aus saftigen Wiesen, Weiden und sanften Hügeln geprägt, verfügt aber auch über tief eingeschnittene Buchten, Steilküsten, feinsandige Strände. In ihrer Gesamtheit spiegelt sie eindrucksvoll den ursprünglichen Charakter Rügens wider. Der Besucher trifft auf jungsteinzeitliche Großsteingräber, Hügelgräber aus der Bronzezeit, slawische Burgwälle, mittelalterliche Kirchen und Dorfkerne.

Das Lotsenhaus in Thiessow

Das alte Fischerdorf und heutige **Seebad Thiessow** liegt im südöstlichen Teil der Halbinsel Mönchgut auf einer wunderschönen Landzunge. Das Meer umgibt Thiessow gleich von drei Seiten, was den Aufenthalt zwischen Steil- und Flachküsten besonders erlebnisreich macht. Hier kann jeder – je nach Windrichtung und Vorlieben – seinen Lieblingsstrand wählen. Der feine Sandstrand etwa reicht bis zum 14 Kilometer entfernten Sellin. Durch die exponierte Lage ist der Ort besonders bei Wassersportlern beliebt. Die Gegend hat sich zu einem echten Hotspot für Sportbegeisterte gemausert: Egal ob beim Kiten, Paddeln, Segeln, Kanufahren oder Surfen – hier bleibt kein Wunsch offen. Schon von Weitem erblickt der Besucher den nach historischem Vorbild wiederauf-

gebauten Lotsenturm, dessen Aussichtsplattform einen herrlichen Rundblick über ganz Mönchgut bis zum Festland gewährt. Unterhalb des Turmes findet sich eine Ausstellung zum Thema Lotsenwesen. Das alte Lotsenhaus wurde um 1900 für zwei Lotsenfamilien gebaut und ist denkmalgeschützt. Heute sind hier Ferienwohnungen untergebracht. Gleich hinter dem Ostseebad auf dem Deich verläuft der Radweg, der Thiessow mit dem Rest Mönchguts und den großen Ostseebädern im Norden verbindet.
Mönchguter Kultur sowie lokale Spezialitäten findet man auf dem **populären Rügen-Markt**, der von Mai bis Oktober einlädt. Über 70 Produzenten und Kunsthandwerker bieten hier ihre Qualitätsprodukte an. Das **Restaurant Zollhaus** (Dörpstrat 9, Tel. 03830/883 12) bietet seinen Gästen bei wunderschönem Panoramablick über den Greifswalder Bodden und nur 15 Meter vom Steilufer entfernt täglich frische Fisch- und Fleischgerichte. Das **Strandcafé** an der Strandpromenade 1 (Tel. 04938/308 83 45) punktet mit seiner Lage und wunderschönem Blick auf die Ostsee: bei Cappuccino und Waffeln mit heißen Kirschen.

OSTSEEBAD SELLIN

Im südöstlichen Bereich des waldreichen Höhenzuges der Granitz zwischen Ostsee und dem malerischen Selliner See liegt das **Ostseebad Sellin**. Wer zur Wilhelmstraße und weiter zur Seebrücke möchte, parkt am besten auf dem etwas versteckten Parkplatz Granitzer Straße. Eine weitere Möglichkeit, aber mit längerer und etwas komplizierterer Anfahrt ist der Parkplatz Kurpark. Im Jahr 1895 ließ Fürst Wilhelm Malte zu Putbus das Ostseebad Sellin erbauen und dabei die Prachtallee der Wilhelmstraße als Lindenallee anlegen. Als erstes Hotel entstand 1896 das »Hotel Fürst Wilhelm«, das spätere Kurhaus. Nach und nach entstanden die Villen im Stil der Bäderarchitektur und manch Fischer und Bauer wurde auf diese

Halbinsel Mönchgut/ Thiessow
Ostseebad Thiessow
Lotsenturm
Biosphärenreservat Südost-Rügen

Thiessow
13 km

Sellin
Bäderarchitektur
Seebrücke
Tauchgondel
Schmalspurbahn Rasender Roland
Bernsteinmuseum
13 km

Binz

Die prachtvolle Seebrücke von Sellin: ein Wahrzeichen des Ostseebades

Das Kurhaus von Binz, dem größten Seebad auf der Insel Rügen

Weise zum Vermieter von Zimmern und Ferienwohnungen.

Ein architektonischer Glanzpunkt ist die prachtvolle **Seebrücke**, die 1998 nach historischem Vorbild der Vorgängerbauten wiedereröffnet wurde. Bereits 1906 entstand am Strand vor Sellin die erste Seebrücke mit Restaurant, die 508 Meter ins Meer hinausragte. In den Folgejahren wurde die Brücke durch Eisgang und Feuer stark in Mitleidenschaft gezogen, sodass 1925 eine neue, etwa 500 Meter lange Brücke mit Plattform, Konzerthalle und Tanzlokal entstand. Auch diese Brücke wurde in den 1940er-Jahren stark beschädigt und in den 1970er-Jahre wegen Baufälligkeit abgerissen.

1992 begann man schrittweise mit dem Wiederaufbau, der sich an den Vorbildern der alten Brücken orientierte. Die neue Seebrücke von Sellin ist mit 394 Metern die längste ihrer Art auf Rügen. Der attraktive Bau des Brückenhauses in Weiß stellt heute ein Wahrzeichen des Ostseebades dar.

Leckere Fischsuppen und Matjes mit Bratkartoffeln gibt es im **Fischrestaurant Zum Skipper** in der Wilhelmstraße 31

SPECIAL

TAUCHGONDEL SELLIN

Bestandteil der Seebrücke ist eine Tauchgondel, die dazu einlädt, die faszinierende Unterwasserwelt der Ostsee kennenzulernen und in die Welt des Meeres einzutauchen. Bis auf vier Meter Tiefe sinkt die Gondel hinab und bleibt einen Meter über dem Meeresboden stehen. Schon während des Abtauchens vermittelt die Besatzung spannendes Wissen über die Ostsee, über ihre Besonderheiten und ihre Gefährdung. Die Tauchgondel ist das ganze Jahr über geöffnet. (Seebrücke 2, Tel. 38303/92777, tauchgondel.de)

(Tel. 038303/907 40, skipper-sellin.de). Passende Geschenke und Gebrauchsgegenstände findet man in der **Töpferei Rike Waskewitz | Werkstatt & Laden** in der Granitzer Straße 46 (Tel. 01520/342 26 28). Mit dem zunehmenden Bäderverkehr entstand ab 1895 ein umfangreiches Kleinbahnnetz auf der Insel Rügen, das teilweise noch heute in Betrieb ist. Laut Fahrplan verkehrt die Rügensche BäderBahn (RüBB) von Göhren über Baabe, Sellin, Granitz, Binz, Putbus nach Lauterbach. Die **Schmalspurbahn Rasender Roland** fährt auf einer Spurweite von 750 Millimetern, legt 30 Kilometer in der Stunde zurück und wird noch heute von einer Dampflok gezogen. Ein Speisewagen und der offene Aussichtswagen machen den Ausflug besonders attraktiv und zu einer entschleunigten Fahrt in die Gelassenheit. Im Sommer werden auch in den Abendstunden Fahrten angeboten. Mit einer Tageskarte kann man beliebig oft ein- und aussteigen. Im Zentrum von Sellin befindet sich das einzige **Bernsteinmuseum** der Insel Rügen. Seit 1999 zeigt das Museum Ausstellungsstücke, informiert über die Herkunft des Bernsteins, darüber, wie die Blüten, Blätter und Insekten in die Steine gelangten und gibt Tipps, wie man die begehrten Steine am Strand finden und erkennen kann (Granitzer Straße 43, Tel. 038303/872 79, bernsteinmuseum-sellin.de).

OSTSEEBAD BINZ

Zwischen der malerischen Bucht Prorer Wiek und dem Schmachter See liegt **Binz**, das größte Seebad auf der Insel Rügen. Das Seebad ist als Urlaubsort für seine Kultur- und Veranstaltungsvielfalt, seine prächtige Bäderarchitektur, den feinen Sandstrand und die naturbelassene Umgebung bekannt. Parken in der Nähe der Seebrücke ist nicht gerade billig, und es gibt nur wenige Parkmöglichkeiten. Eine Alternative ist, das Wohnmobil für zwei Euro je Stunde am Parkplatz »P2 Am Rathaus« zu parken. Von dort sind es zehn Minuten zur Seebrücke.

Hotel im Kurhaus von Binz

Binz
Bäderarchitektur
Strandpromenade
Kurhaus
Seebrücke
Kunstmeile
Margaretenstraße
17 km
Halbinsel Jasmund/ Sassnitz

Erstmals urkundlich erwähnt wurde Binz 1318 als »Byntze«. Die Entwicklung zum Seebad geht auf das Jahr 1830 zurück, als der Fürst zu Putbus am Abfluss des Schmachter Sees in die Ostsee einfache Bauten für seine Badegäste errichten ließ. 1885 wurde Binz Seebad und erlebte einen rasanten Aufschwung. Die Strandpromenade, die später mehrfach zerstörte und wieder aufgebaute Seebrücke und das Kurhaus entstanden. Am Strand wurden getrennte Damen- und Herrenbäder und 1908 ein Familienbad errichtet. Als erstes Hotel entstand 1876 das »Strandhotel«.

Auf der Seebrücke von Binz

Während der Zeit des Nationalsozialismus sollte nördlich von Binz in Prora mit dem KdF-Seebad Rügen (Kraft durch Freude) das größte und modernste Seebad Europas entstehen, das jedoch nicht vollendet wurde. Geblieben sind die monumentalen Bauten entlang des Strandes, die auch »Koloss von Prora« genannt werden.

Binz gilt als ein historisch gewachsenes Seebad mit einer hervorragend erhaltenen und im Detail aufwendig restaurierten **Bäderarchitektur**. Diese präsentiert sich hier als Mix aus Klassizismus, Neobarock und Jugendstil besonders prächtig. Das gilt vor allem für die Strandpromenade, aber auch für Gebäude wie das Kurhaus, die Seebrücke und das frühere Warmbad, heute Haus des Gastes. Weitere attraktive Gebäude im Stil der Bäderarchitektur sind das Hotel Granitz und das Haus Sanssouci in der Bahnhofstraße, das Haus Edelweiß in der Lottumstraße oder die Villa Meeresgruß in der Margaretenstraße. Eines der markanten Wolgaster Fertigteilhäuser ist das Haus Undine in der Margaretenstraße, das 1895 erbaut wurde.

Die 1895 errichtete **Strandpromenade** entwickelte sich rasch zum Mittelpunkt des gesellschaftlichen Lebens von Binz. 1937 kamen ein Kurplatz mit verglasten Wandelhallen und ein Konzertpavillon hinzu. 1993 wurde die Promenade aufwendig restauriert und in Richtung Prora um 700 Meter verlängert, sodass sie heute eine Gesamtlänge von 3,2 Kilometer hat. Auf dem Kurplatz finden regelmäßig Konzerte statt. Darüber hinaus ist die Promenade von zahlreichen Kunsthandwerkerständen gesäumt.

Das **Kurhaus** in Binz wurde 1890 als großzügiger Fachwerkbau eröffnet. Durch einen Brand wurde es 1906 zerstört, aber bereits ein Jahr später aus Stein wiederaufgebaut. Ab 1955 diente es als Erholungsheim der Nationalen Volksarmee der DDR. Nach 1989 übernahm eine Hotelkette das Haus und rekonstruierte es nach den ursprünglichen Plänen.

Die erste Seebrücke aus dem Jahr 1902 war ein 560 Meter langes Bauwerk aus Holz und

KULTUR

KUNSTMEILE MARGARETENSTRASSE

Die Margaretenstraße ist eine zur Ostsee führende Querstraße zur Strandpromenade. Sie hat sich im Laufe der Jahre zu einer attraktiven Kunstmeile entwickelt. Hier haben sich Künstler und Kunsthandwerker Galerien, Werkstätten und Läden eingerichtet und bieten ein exklusives Angebot an Kunst und Kunsthandwerk. Zu den ansässigen Kunstschaffenden zählen Glasbläser und Töpfer, Keramiker und Maler. Erwerben kann man Schmuck und Glaswaren, Steinzeug und Porzellan ebenso wie Mode und künstlerische Fotografien. Und natürlich laden auch kleine Cafés zum Verweilen und Genießen ein.

Treibholz an der Küste von Sassnitz im Nationalpark Jasmund

diente als Anleger für Schiffe. Sie wurde aber schon 1904 durch ein Sturmhochwasser zerstört und 1906 an gleicher Stelle wieder aufgebaut. Durch Witterungseinflüsse verfiel die Brücke zusehends und stürzte 1942 ein. Erst im Mai 1994 wurde die neue **Binzer Seebrücke** eingeweiht, die 370 Meter lang, drei Meter breit und damit die zweitlängste ihrer Art auf Rügen ist.
Binz und seine Umgebung zwischen der Granitz und der Schmalen Heide, die das Muttland, den zentralen Kernbereich der Insel, mit der Halbinsel Jasmund verbindet, kann man zu Fuß und per Rad gleichermaßen erkunden und auf unterschiedlichsten Pfaden entdecken.

HALBINSEL JASMUND/SASSNITZ

Die **Halbinsel Jasmund** liegt im Nordosten der Insel Rügen. Sie wird von der Ostsee im Osten und im Westen vom Großen und Kleinen Jasmunder Bodden umgeben. Eine Verbindung mit der Hauptinsel gibt es im Süden durch die Schmale Heide, eine schmale Nehrung sowie im Südwesten über Lietzow.
Auf der Halbinsel Jasmund empfiehlt es sich, den Krüger Naturcamping auf einem Hochplateau nicht weit von Lohme entfernt anzufahren. Dort ist man weg vom Trubel und erreicht alle Sehenswürdigkeiten wie Victoriasicht, Kreidefelsen, Königsstuhl, UNESCO-Welterbeforum-Wanderstützpunkt oder Piratenschlucht gut zu Fuß oder mit dem Rad.
Der **Nationalpark Jasmund** mit seiner unverwechselbaren Kreidesteilküste gehört zum Pflichtprogramm eines jeden Rügen-Besuchers. Zwischen Lohme im Norden und Sassnitz im Süden der Halbinsel befindet sich der waldreiche Höhenrücken der Stub-

Halbinsel Jasmund/ Sassnitz

Nationalpark Jasmund
Kreidesteilküste
Wissower Klinken
Stubbenkammer mit Königsstuhl
Sassnitzer Bäderarchitektur
St.-Johannis-Kirche
Stadthafen
Außenmole
Hängebrücke für Fußgänger
U-Boot Museum
Seebad Lohme

35 km

Halbinsel Wittow – Kap Arkona

Leuchtturm auf der Ostmole von Sassnitz

nitz. Deren stattlicher Buchenwald macht den größten Teil des 1990 gegründeten Nationalparks Jasmund aus. In den Buchenwäldern der Stubnitz und deren Senken und Kesselmooren wachsen Schwarzerlen, Wildbirnen und Eiben, aber auch Orchideen wie der Frauenschuh. Im Gebiet gibt es rund 1000 Käferarten. Hier nisten Mehlschwalben, Kreideeulen und Eisvögel. Auch seltene Pflanzen wie die gelbe Anemone oder der Lerchensporn sind zu entdecken. Die alten Buchenwälder sind von so herausragender Bedeutung, dass die UNESCO sie zum Weltnaturerbe erklärt hat.

Zu den seeseitig sehenswertesten Punkten zählen die bekannten Kreidefelsen der **Wissower Klinken** und die Stubbenkammer mit dem markanten **Königsstuhl**. Direkt am berühmten Kreidefelsen bietet das Nationalparkzentrum Königsstuhl seinen Gästen ein besonderes Naturerlebnis. Im 2004 geschaffenen Nationalparkzentrum machen vielfältige Informationen und Veranstaltungen die Schönheit der Natur erlebbar. Es finden auch Führungen, Exkursionen und Seminare statt (Stubbenkammer 2, Tel. 038392/66 17 66, nationalpark-jasmund.de, koenigsstuhl.com).

Sassnitz war über Jahrhunderte ein kleines Fischerdorf. Erst der Bau eines größeren Hafens sowie der Eisenbahnanschluss ab 1890 brachten einen ersten Aufschwung als Fährort und Seebad. Besonders schön ist es, über den neuen Radweg nach Sassnitz zu fahren. Wer mit dem Wohnmobil dorthin möchte, fährt am besten einen der beiden Parkplätze am Westhafen an.

»Nach Rügen reisen, heißt nach Sassnitz reisen.« Theodor Fontanes Zitat aus seinem Roman »Effi Briest« begleitet den Besucher auf seiner Reise nach Sassnitz. Der Schriftsteller logierte im Jahre 1884 während einer Rügen-Reise im Hotel zum Fahrnberg, dem ersten Hotel der Stadt. Im gleichen Haus war übrigens 1876 auch der Komponist Johannes Brahms zu Gast.

Die weißen, verspielten Bauten der Sassnitzer Bäderarchitektur prägen bis heute das Bild der Altstadt und der Strandpromenade. Aus strohgedeckten Fischerhäusern wurden Ferienpensionen und Hotels mit kunstvoll verzierten Holzbalkons und Fassaden. Markante Beispiele der Bäderarchitektur sind unter anderem die Villen Hertha, Anna und Prinz Heinrich. Sehenswert sind auch das Ensemble rund um das Hotel Fürstenhof sowie das Umfeld des Kurplatzes.

Sassnitz vereint alles, was Rügen ausmacht: maritimes Flair und Treiben, eine anziehende Bäderarchitektur, historische Wurzeln, die bis in die Jungsteinzeit reichen, und vor allem eine eindrucksvolle Naturlandschaft. 1867 wurde in der Sassnitzer Waldkirche erstmals ein Gottesdienst abgehalten. Die natürliche Kirche im Freien bestand aus einem aus Erde errichteten Altar, um den im Halbkreis Bänke angeordnet waren. Wegen der oftmals witterungsbedingten Unterbrechung der Gottesdienste wurde der Bau einer Kirche erwogen. Fertiggestellt wurde die **St.-Johannis-Kirche** im Jahr 1883 im neugotischen Stil als einschiffiger Backstein-

bau mit seitlich angesetztem, achteckigem Turm. Die Altarfenster stiftete Kaiserin Auguste-Viktoria persönlich.
Mit seiner modernen, offenen Architektur und direkten Lage am Meer am Fährhafen Mukran lädt das **Café Bäckerei Peters** mit Backstube und Konditorei zum Verweilen ein (Tel. 038392/310 11, baeckerei-peters.de).
Eine große Auswahl an Fischgerichten, auch zum Mitnehmen, gibt es im **Restaurant Kutterfisch** in der Hafenstraße 12d (Tel. 038392/513 30, sassnitz.kutterfisch.de).
Frischen Fisch und leckere Fischbrötchen direkt vom Kutter gibt es beim **Räucherkutter Heimat** in der Strandpromenade 13 (Tel. 0491712/67 48 93).
Der **Stadthafen von Sassnitz** präsentiert sich heute als eine attraktive Mischung aus Fischerei- und Tourismushafen. Hier stechen Fischerboote, Ausflugsschiffe, Jachten und Sportboote in See. Mehrere Reedereien bieten ein umfangreiches Fahrtenprogramm zur Steilküste und zu den Seebrücken der Rügenschen Ostseebäder an. Täglich wird fangfrischer Fisch angelandet, umgeschlagen und verkauft.
Zum Schutz des entstehenden Sassnitzer Fischereihafens wurde von 1889 bis 1912 die mit 1450 Metern längste Außenmole Europas gebaut. Sie führt bis zum grün-weißen Leuchtturm aus dem Jahr 1903 hinaus in die Ostsee. Die Hafenatmosphäre mit dem Geruch des Meeres macht einen Spaziergang auf der Mole zu einem besonderen Erlebnis. Nicht minder attraktiv ist die markante, 250 Meter lange Hängebrücke für Fußgänger, die die Stadt und den Hafen miteinander verbindet. Die Fußgängerbrücke vom Rügen-Platz hinunter zum Stadthafen wurde 2007 offiziell ihrer Bestimmung übergeben.

↑ U-Boot HMS Otus S 18 in Sassnitz
↓ Radweg Sassnitz-Königsstuhl

SPECIAL

U-BOOT MUSEUM

Im Stadthafen von Sassnitz liegt das ausgemusterte britische U-Boot HMS Otus S 18 der Oberon Class. Es gehört zu den größten nicht nuklearen U-Booten. Getaucht verdrängt es 2410 Tonnen Wasser. HMS Otus wurde 1963 in Dienst gestellt und war 28 Jahre im Einsatz. 2002 wurde es in Sassnitz als Museumsschiff öffentlich zugänglich gemacht. Es beherbergt heute eine umfangreiche Ausstellung zum Leben und Alltag auf einem U-Boot – authentisch, beeindruckend und unverfälscht (Hafenstraße 18, Tel. 038392/677888, hms-otus.com).

Mitten im Grünen: auf dem Radweg von Juliusruh ins Fischerdorf Vitt

Die einseitig aufgehängte Hängebrücke wird durch die besonderen Eigenschaften ihrer Konstruktion der Standortsituation gerecht. Die Brücke hat sich zu einem Wahrzeichen der Stadt gemausert und wird im Volksmund als »Balkon mit Meerblick« bezeichnet. Von hier aus hat man einen weiten Blick auf die Ostsee und den Stadthafen mit Sehenswürdigkeiten wie der Außenmole, dem Museums-U-Boot HMS Otus, dem Museum für Unterwasserarchäologie sowie dem Fischerei- und Hafenmuseum.
Vom Fährhafen Sassnitz im Stadtteil Mukran fahren Schiffe in die weite Welt der Ostsee. Nur zweieinhalb Stunden braucht der Skane-Jet ins südschwedische Ystad. Auf der dänischen Ferieninsel Bornholm ist man von Sassnitz aus in etwas über drei Stunden. Boddenlandschaft, Nationalpark und die historischen Stätten lassen sich am Besten auf einer Wanderung oder einer Radtour erkunden. Die Strecken führen über gut ausgebaute Wege und sind abwechslungsreich. Eine **schöne Wandertour** führt über den Europäischen Wanderweg E10 vom Kurplatz in Sassnitz über die Wissower Klinken, vorbei an der Victoriasicht in der Kleinen Stubbenkammer zum Königsstuhl und bis nach Lohme im Norden. Auf der rund 12 Kilometer langen Strecke wandert man durchgängig an der Nordostküste Rügens entlang und hat nahezu allerorts einen herrlichen Blick auf die Ostsee. Die Steilufer entlang des Wanderpfads sind allerdings mit zahlreichen Auf- und Abstiegen verbunden.

HALBINSEL WITTOW

Den nördlichsten Teil Rügens, die **Halbinsel Wittow**, erkundet man am besten mit dem Rad. Viele touristische Highlights sind nur zu Fuß, mit dem Rad oder per Pferdekutsche erreichbar. Unsere Empfehlung: Das Wohnmobil im »Feriencamp am Wasser« in Juliusruh abstellen und die Halbinsel mit dem Rad umrunden.

Die Halbinsel wird durch die Ostsee im Norden und Osten, den Wieker Bodden im Westen und den Großen Jasmunder Bodden im Süden und Osten begrenzt. Eine Landverbindung gibt es nur über die schmale, zehn Kilometer lange Landzunge Schaabe zur Halbinsel Jasmund. Die Autofähre verkehrt ganzjährig zwischen dem Wieker Ortsteil Wittower Fähre und dem Fähranleger zwischen den Ortsteilen Vaschvitz und Fischersiedlung der Gemeinde Trent.
Die Gemeinde **Breege** ist das kleinste und am weitesten im Norden gelegene staatlich anerkannte Seebad auf der Insel Rügen. Die Schaabe als natürliche Nehrung zwischen Glowe und Juliusruh trennt die Ostsee mit einem der längsten und schönsten Strände der Insel von den Boddengewässern.
In Breege sind besonders die prächtigen Kapitänshäuser, die von der Seefahrertradition des Ortes künden, sehenswert. Der Breeger Hafen war schon immer der zentrale Platz in Breege und Anlaufpunkt für Einwohner und Gäste. Früher waren es vor allem die Fischer und ihre Boote, die das Hafenbild prägten, heute sind es vorwiegend touristische Angebote, die an den Hafen locken. Vom Breeger Hafen gelangt man auf dem Seeweg auch zur Insel Hiddensee.
Juliusruh gehört zu den sonnenreichsten Orten Deutschlands. Der Namensgeber Julius von der Lancken legte 1795 den spätbarocken Park Juliusruh und damit den Ort an und errichtete ein Herrenhaus. Der malerische, auf Dünensand erbaute Park ist von Nord nach Süd durch eine Mittelachse gegliedert. In den einzelnen Parkbereichen befinden sich teilweise exotische Pflanzen, viele Linden und ein mit Buchenhecken eingefasstes Denkmal für den Ortsgründer.
Heute wird Juliusruh aufgrund seiner Lage an einem der längsten Sandstrände Rügens jährlich von Tausenden Urlaubern besucht. Die 2013 fertiggestellte Promenade erstreckt sich über die gesamte Ortslänge und lädt das ganze Jahr hindurch zu einem Spaziergang ein. Am Ortsrand von Juliusruh kann man auch die Reste der Schwedenschanze von 1759 besichtigen.
Im **Fischimbiss Hafenperle** am Boddenweg 1a (hafenperle.eu) gibt es besten Fisch und noch viel mehr. Am Breeger Seglerhafen 1–3 überzeugt das **Restaurant Zum Alten Fischer** mit kreativer Kochkunst und nordischer Herzlichkeit (Tel. 038391/425 55, kapitänshäuser.de).
Das malerische **Fischerdorf Vitt** liegt wenige Kilometer vor dem Kap Arkona in einer

Halbinsel Wittow – Kap Arkona

Ostseebad Breege-Juliusruh
Fischerdorf Vitt
Hünengräber Nobbin
Kap Arkona
Slawischer Burgwall
Leuchttürme Kap Arkona
Arkona Bunker und Marineführungsbunker
Altenkirchen
Wiek
Kreidebrücke Wiek

11 km

Breege
Insel Hiddensee

↓ Gudderitz auf der Halbinsel Wittow
↘ Kreideküste bei Sassnitz

↑ Gasthof Zum goldenen Anker in Vitt
↓ Die Hünengräber bei Nobbin

AUSFLUG

HÜNENGRÄBER NOBBIN

Am Hochuferweg an der Tromper Wiek bei Nobbin befindet sich nahe des Goorer Bergs eine der größten Megalithanlagen Norddeutschlands. Die als Großsteingrab Riesenberg bezeichnete Grabanlage stammt aus der jungsteinzeitlichen Trichterbecherkultur und ist ein Hünenbett mit zwei Kammern. Die trapezförmige Anlage bestand aus ehemals 53 Randsteinen, von denen 39 noch erhalten sind. Markante Steine sind ein Dolmen, einige Tragsteine sowie zwei sogenannte Wächtersteine, die das »Wächterpaar von Nobbin« bilden.

Uferschlucht an der Steilküste. Landseitig ist das Dorf aus der Ferne gar nicht sichtbar. Erst am Rand der Schlucht erblickt man die malerischen, reetgedeckten Fischerhäuser. Wegen seiner authentischen Ursprünglichkeit steht Vitt seit 1973 auf der Liste des UNESCO-Weltkulturerbes.

Oberhalb des Fischerdorfes, unweit von Putgarten, befindet sich die Vitter Kapelle, ein oktogonaler, weiß getünchter Kirchenbau mit einem Reetdach. Der Bau der Kapelle geht auf die berühmten Strandpredigten zurück, die der Pfarrer von Kaltenkirchen für die Fischer von Vitt in Ermangelung einer Kirche im kleinen Ort unter freiem Himmel abhielt. Mit dem Bau der Kapelle wurde 1806 begonnen. Nach zehnjähriger Bauzeit wurde sie vollendet und geweiht. Der Innenraum der Kapelle ist schlicht. Markante Gestaltungselemente sind der Kanzelaltar und das gusseiserne Kruzifix.

Im Ort kann man in einer Fischräucherei die Köstlichkeiten des Meeres erwerben oder sich in einer Gaststätte regionale Fischspezialitäten munden lassen.

Windgeschützt im Strandkorb sitzen mit phänomenaler Aussicht und bei Kaffee und Kuchen, das kann man im **Steilufercafé Zur kleinen Rast** (Goor 5, Putgarten, Tel. 02867/323 21). Tradition mit besonderem Charme erwartet den Gast im **Historischer Gasthof Zum goldenen Anker** in Vitt Nr. 2 (Tel. 038391/121 34, gasthof-vitt.de). Hier gibt es saisonale Fischgerichte, Fleischgerichte und hausgemachte Kuchen.

Der nördlichste Punkt Rügens ist eines der beliebtesten Ausflugsziele der Insel. Genau genommen liegt das etwa einen Kilometer entfernte Gellort weiter im Norden. Bekannter aber ist **Kap Arkona**, das 45 Meter über der Ostsee liegt, auf die man einen herrlichen Ausblick hat. Am Kap ragen zwei Leuchttürme und ein Peilturm als weithin sichtbare Wegweiser für die Schifffahrt in

der Ostsee aus der Landschaft. Der kleinere Turm wird nach dem Namen seines Architekten Karl Friedrich Schinkel auch **Schinkelturm** genannt. Der dreigeschossige Backsteinturm wurde 1826/27 mit einer Feuerhöhe von 60 Metern erbaut und 1828 in Betrieb genommen. 1905 wurde er außer Dienst gestellt. Den alten Turm ersetzte ab 1905 ein 35 Meter hoher, runder Backsteinturm mit einer Höhe von 75 Metern. Bis 1995 wurde er von zwei Kohlebogenlampen, danach mit einer Halogenmetalldampflampe ausgestattet.

Der **Peilturm** wurde 1927 in Ziegelbauweise errichtet. Er diente als Seefunkfeuer. Die Türme wurden nach 1990 saniert, sind für die Öffentlichkeit zugänglich und bieten auf Aussichtsplattformen einen herrlichen Ausblick auf Ostsee und Insel. Im alten Leuchtturm befindet sich ein Museum und es finden regelmäßig Kunstausstellungen statt. Im Peilturm ist ein Kunstmuseum eingerichtet. In unmittelbarer Nähe der markanten Leuchttürme befinden sich drei Bunkeranlagen. Eine wurde 1915 erbaut, ist aber nicht öffentlich zugänglich. Eine weitere Anlage ist der sogenannte **Arkona-Bunker**, der einst für die Wehrmacht errichtet und später als Kommandostelle für die 6. Grenzbrigade Küste der Seestreitkräfte der DDR genutzt wurde. Heute beherbergt der Bunker eine Dokumentation des Kap Arkona von der Slawenzeit bis in die Gegenwart. Der größte, aus mehreren unabhängigen Einzelbunkern bestehende Bunker wurde binnen sieben Jahren bis 1986 gebaut. Mit einer Gesamtfläche von etwa 2000 Quadratmetern diente er als unterirdischer Gefechtsstand und

AUSFLUG

KUTSCHEN- UND PLANWAGENFAHRTEN

Rund um das Kap Arkona wird eine Kutschen- oder Planwagenfahrt zum ganz besonderen Erlebnis. In der einmaligen Landschaft, abseits von Verkehrsstress, roten Ampeln und Stau, kann man einfach abschalten, sich erholen und genießen. Angebote und Anbieter gibt es vor Ort mehrere. Es bleibt nur die Qual der Wahl.

Marineführungsbunker der auf dem Bug stationierten 6. Flottille der Volksmarine und der Vereinigten Ostseeflotte. Der Bunker wurde am 3. Oktober 1990 stillgelegt. In einer Röhre des Bunkers befindet sich heute eine Ausstellung von Schiffsmodellen und Navigationsgeräten.

So ziemlich im Mittelpunkt der Halbinsel Wittow liegt **Altenkirchen** in einer malerischen Naturlandschaft. Die Entstehung des Ortes wird ins 12. Jahrhundert datiert. Die Pfarrkirche ist eine der ältesten Dorfkirchen auf der Insel Rügen. Sie wurde ab 1168 als dreischiffige romanische Basilika errichtet und bis 1200 mit Apsis und Chor vollendet. Der Vorgängerbau könnte ein slawischer Begräbnishügel gewesen sein.

Der Taufstein stammt aus dem frühen 13. Jahrhundert und ist einer der ältesten und wertvollsten auf der Insel. Zu den Besonderheiten zählt auch der sogenannte Svantevitstein. Der quer gemauerte Bildstein ist vermutlich der Grabstein eines Svantevitpriesters oder des ersten Wittower Fürsten Tetzlaff. Aus der Barockzeit stammt der Altar. In gotischer Zeit erhielt der Kirchenbau ein Kreuzrippengewölbe als Verstärkung. Der frei stehende hölzerne Glockenturm wurde im 17. Jahrhundert errichtet.

Idyllisch gelegen und mit Liebe zum Detail: Das **Hofcafé** am Karl-Marx-Platz 4 in Altenkirchen (Tel. 038391/897 01) lädt mit kleiner, feiner Karte und herzlichem Service ein.

Wiek wurde 1165 erstmals urkundlich erwähnt und galt einst als größtes Dorf auf Rügen. Zu den Sehenswürdigkeiten des Ortes zählt neben dem Hafen vor allem die Kirche St. Georg. Das stattliche Gotteshaus wurde in der ersten Hälfte des 15. Jahrhunderts von Zisterziensern errichtet und ist dem Schutzpatron der Seefahrer und Reisenden geweiht. Die gotische Backsteinkirche wurde in mehreren Abschnitten errichtet. Nach Chor und Sakristei wurde das kreuzgratgewölbte Langhaus erbaut. Nachdem der Kirchturm im 16. Jahrhundert zerstört wurde, errichtete man um 1600 einen frei stehenden Glockenstuhl. Im Inneren der Kirche befindet sich das mannshohe Reiterstandbild »Ritter Georg zu Pferde«. Der prachtvolle barocke Altar, der Taufständer und die beiden Beichtstühle wurden im 18. Jahrhundert geschaffen. Die Orgel, die Kanzel, das Gestühl und die Emporen stammen aus dem Jahr 1826.

Die sanierte **Kreidebrücke** von Wieck ist ein industrietechnisches Denkmal, dessen Geschichte bis ins Jahr 1914 zurückgeht. Errichtet wurde der Stahlbetonbau am Hafen

Kirche St. Georg in Wiek

Blühender Ginster in Dornbusch auf der Insel Hiddensee

als Verladebrücke für den geplanten Kreideabbau am Kap Arkona. Dazu wurde ab 1912 auch der Hafen des Ortes umgebaut. Die Arbeiten wurden aber kriegsbedingt eingestellt. Die 140 Meter lange Brücke blieb erhalten und wurde 2014 als »schwebende Promenade« eröffnet, die einen herrlichen Blick auf Wiek und den Bodden bietet.
Im **Restaurant Zur Mole** direkt am Wieker Hafen (Bahnhofstraße 5, Wiek, Tel. 038391/ 765 62, pension-zur-mole.de) werden frische regionale Küche, Rügener Fischspezialitäten und deftige Hausmannskost serviert.

TAGESAUSFLUG AUF DIE INSEL HIDDENSEE

Wer von Breege zur **Insel Hiddensee** übersetzt, dem bietet sich ein traumhafter Blick auf ein Eiland, das vom Dornbusch im Norden, über Kloster und Vitte bis zum Gellen im Süden reicht. Die autofreie Insel ist ein absolutes Muss und wird nicht ohne Grund als »Perle der Ostsee« bezeichnet. Ein Tagesauflug nach Hiddensee beginnt am bequemsten mit der Fähre in Breege, die durch den Breeger Bodden bis nach Vitte fährt. Die erlebnisreiche Überfahrt dauert eine Stunde und 15 Minuten. Das Ticket Breege–Vitte–Brege kostet um die 23 Euro pro Person, das Ticket für ein Fahrrad 12,90 Euro. Die Tagesmiete für ein einfaches Rad auf Hiddensee liegt zwischen 5 und 6 Euro. Pedelecs oder E-Bikes kosten um die 20 Euro pro Tag. Es zahlt sich also kaum aus, das eigene Rad mitzunehmen.
Die Insel wartet mit einer außerordentlich entschleunigenden Ruhe in Kombination mit Entspannung und Kultur auf, während sie der Besucher zu Fuß, mit dem Rad oder in einer Pferdekutsche entdecken kann. Der bewaldete Bakenberg ist mit knapp 73 Metern Höhe die höchste Erhebung auf der Insel. Er liegt auf dem Höhenzug Dornbusch, dem Hochland im Norden der Insel, etwas südlich des gleichnamigen Leuchtturms Dornbusch. Dieser befindet sich auf der zweithöchsten Erhebung der Insel, dem rund

Fachwerkhaus in der Ortschaft Kloster auf Hiddensee

70 Meter hohen Schluckwieksberg nördlich der Ortschaft Kloster. Westlich davon befindet sich die Svantevit-Schlucht, welche steil zur Ostsee abfällt.

Seit 1990 ist Hiddensee Bestandteil des Nationalparks Vorpommersche Boddenlandschaft. In der besonders geschützten und sensiblen Landschaft sind einige Regeln strikt einzuhalten: Das Fahrrad darf nur auf den dafür vorgesehenen Wegen benutzt werden. Lagerfeuer am Strand sowie im Wald und auf der Heide sind nicht erlaubt. Selbst Rauchen bedeutet Brandgefahr. Die besonders geschützten Kernzonen des Nationalparks auf Hiddensee dürfen nicht betreten werden. Das Zelten auf der Insel ist nicht erlaubt.

Größter Ort und Zentrum auf Hiddensee ist **Vitte**. Hier im Herzen der Insel befindet sich auch ihr beliebtester Strand. Der 5 Kilometer lange, feinsandige, weiße Strand ist über mehrere Zugänge erreichbar. Das Wasser fällt sanft ab und mehrere Sandbänke lassen die Wellen brechen, sodass sich hier vor allem Familien mit Kindern wohlfühlen. Den befestigten Deich kann man für Spaziergänge nutzen oder einfach die schöne Aussicht auf das Meer genießen. Der am Hafen verlaufende Deich führt nach Kloster und Neuendorf und bietet Radfahrern und

KULTUR

BLAUE SCHEUNE

Eine der bekanntesten Sehenswürdigkeit auf Hiddensee ist die Blaue Scheune in Vitte, ursprünglich ein niederdeutsches Hallenhaus aus dem beginnenden 19. Jahrhundert. Bekannt wurde das Haus in den 1920er-Jahren, als hier regelmäßige Ausstellungen des Hiddenseer Künstlerinnenbundes stattfanden. Um diese Zeit kaufte die Malerin Henni Lehmann das Gebäude und gab ihm seinen blauen Anstrich. 1954 erwarb der Maler Günter Fink die Blaue Scheune und bewohnte sie bis zu seinem Tod im Jahr 2000. Heute ist sie mit Atelier und Ausstellungsraum ein Anziehungspunkt für viele Kunstfreunde.

Wanderern eine tolle Möglichkeit, die Insel zu erkunden.

Im **Asta-Nielsen-Haus** in Vitte verbrachte der dänische Stummfilmstar unbeschwerte Sommertage. Durch den quadratischen Grundriss, bei dem zusätzlich noch zwei Ecken abgerundet sind, sowie die drei Bänder in Himmelblau am Korpus entstand bei Asta Nielsen wohl der Eindruck eines sich bewegenden Karussels, weshalb Sie das Haus auch so nannte. In Ihrer dänischen Muttersprache war dies »Karusel«. Als Freund der Schauspielerin weilte auch der Dichter Joachim Ringelnatz im kleinen, bunten Haus am Ortsende von Vitte. Das Haus kann heute mit Führung besichtigt werden.

Das **Fischhaus Hafenkater** liegt am Achtern Dieck mitten im Hafen von Vitte (Tel. 038309/70 85 99, hafenkater.de). Hier dreht sich (fast) alles um den Fang der Hiddenseer Kutterfischer.

Unterhalb der Hügellandschaft des Dornbusches liegt **Kloster**, das kulturelle Zentrum auf Hiddensee. Hier befinden sich die Inselkirche, das Heimatmuseum und das Gerhart-Hauptmann-Haus.

Die **Inselkirche** wurde von den Mönchen des 1296 gegründeten Zisterzienserklosters erbaut und 1332 geweiht. Seitdem gilt sie als offizielles Gotteshaus der Insel Hiddensee. Das Äußere und Innere der Kirche änderte ihr Aussehen einige Male, im Mauerwerk steckt jedoch noch die alte Bausubstanz. Heute dient die Kirche nicht nur als Gotteshaus, sondern auch als Austragungsort für Konzerte, Lesungen und Vorträge. Vor der Kirche befindet sich das Grab von Gerhart Hauptmann.

Im 1954 eröffneten **Heimatmuseum** – im ehemaligen Gebäude des Seenotrettungsdienstes – kann man Zeugnisse aus der Geschichte der Insel bewundern, die eine Interessengemeinschaft Hiddenseer Einwohner zusammengetragen hat. Dargestellt werden die geologische und geschichtliche Entwicklung Hiddensees, der örtliche Seenotrettungsdienst, Naturschutzmaßnahmen sowie Flora und Fauna der Insel. Zudem gibt es Informationen über das ehemalige Zisterzienserkloster, den Leuchtturm Dornbusch, den Nationalpark Vorpommersche Boddenlandschaft und vieles andere mehr.

↑ Skulpturen auf dem Bakenberg
↓ Die Blaue Scheune in Vitte

↑ Ferienhaus auf Hiddensee

↓ Der Leuchtturm von Dornbusch

Im Jahr 1885 besuchte der Dichter und Literaturnobelpreisträger Gerhart Hauptmann die Insel zum ersten Mal. In jener Nacht auf Hiddensee schrieb er eines seiner schönsten Gedichte »Die Mondscheinlerche« im ehemaligen Gasthaus Gau in Kloster. Als er »Haus Seedorn« 1930 erwarb, lagen viele Hiddensee-Sommer hinter ihm. Seit 1956 ist das Haus als Gedenkstätte für die Öffentlichkeit zugänglich. Die Räume, das Interieur, die Kunstgegenstände sind so erhalten, wie Gerhart Hauptmann das Haus 1943 nach seinem letzten Inselaufenthalt verlassen hat. Die ständige Ausstellung des **Gerhart-Hauptmann-Hauses** informiert über das Leben und Werk des Dichters, über seine Beziehung zur Insel Hiddensee, über Werke, die auf der Insel entstanden sind und über aktuelle Hauptmann-Inszenierungen an den Theatern. In den Sommermonaten finden regelmäßig Abendveranstaltungen statt.

Von Kloster aus bietet sich ein Ausflug zum Dornbusch an. Im Frühjahr entfaltet hier der Ginster seine volle Blütenpracht. Aber auch zu den anderen Jahreszeiten lohnt eine Wanderung durch die Hügellandschaft. Von den Anhöhen Swantiberg, Inselblick und Schluckwieksberg hat man einen herrlichen Ausblick.

Der **Leuchtturm Dornbusch**, ein Wahrzeichen der Insel Hiddensee, wurde als fast 28 Meter hoher runder Ziegelbau 1888 auf einem Dornbuschhügel errichtet. Seine offizielle Bezeichnung ist »Leuchtfeuer Dornbusch«. Zur Orientierung ist er vor allem für die Küstenschifffahrt von Bedeutung, denn sein Licht strahlt etwa 100 Meter in die Höhe und 45 Kilometer weit auf die Ostsee. In den Monaten Mai bis Oktober kann der Leuchtturm mit Außenplattform bei entsprechender Wetterlage besichtigt werden. Interessante Informationen bietet die Dauerausstellung »Technik und Geschichte des Leuchtturmes«.

PRAKTISCHE HINWEISE

TOURISTINFORMATIONEN

Tourismusverband Rügen e. V.
Tel. 03838/807780,
ruegen.de

Gemeinde Seebad Altefähr
Eigenbetrieb Hafen- und Tourismuswirtschaft Altefähr, Am Fährberg 9, 18573 Altefähr,
Tel. 038306/75037,
altefaehr.de

Kurverwaltung Putbus/Stadtinformation
Alleestraße 2, 18581 Putbus,
Tel. 038301/60964,
ruegen-putbus.de

Kurverwaltung Mönchgut
Touristinformation Middelhagen, Dorfstraße 4,
18586 Ostseebad Mönchgut OT Middelhagen,
Tel. 038308/66010

Touristinformation Thiessow
Hauptstraße 36,
18586 Ostseebad Mönchgut OT Thiessow,
ostseebad-moenchgut.de

Kurverwaltung Sellin
Warmbadstraße 4 (Haus des Gastes), 18586 Ostseebad Sellin, Tel. 038303/160,
ostseebad-sellin.de

Infopoint Sellin
Seeparkpromenade 1,
18586 Ostseebad Sellin,
Tel. 038303/16222,
ostseebad-sellin.de

Kurverwaltung Binz
Heinrich-Heine-Straße 7 (Haus des Gastes),
18609 Ostseebad Binz,
Tel. 038393/148148,
ostseebad-binz.de

Halbinsel Jasmund Tourist-Service der Stadt Sassnitz
Strandpromenade 12,
18546 Sassnitz,
Tel. 038392/6490,
insassnitz.de

Halbinsel Wittow Informationsamt Seebad
Breege-Juliusruh
Wittower Straße 5,
18556 Seebad Juliusruh,
Tel. 038391/311, breege.de

Tourismusgesellschaft mbH Kap Arkona
Am Parkplatz 1,
18556 Putgarten,
Tel. 038391/13037,
kap-arkona.de

Touristinformation Wiek
Am Markt 5, 18556 Wiek,
Tel. 038391/76870,
wiek-ruegen.de

Insel Information Hiddensee
Achtern Diek 18a,
18565 Vitte,
Tel. 038300/608685,
seebad-hiddensee.de

Touristinformation im Hafencenter Kloster
Hafenweg 15,
18565 Kloster, Tel. 038300/60654

STELL- UND CAMPINGPLÄTZE

C 100 **Dat Stranddörp Campingplatz Mönchgut**
(S. 185 H4)
Lobbe 32a, Middelhagen,
Tel. 04938/3082314,
campingruegen.de
GPS: 54.31572, 13.71892
Weißer, feiner Sand zwischen den Zehen, der Blick aufs blaue Meer ... Dat Stranddörp mit 240 Standplätzen ist einer der wenigen Campingplätze der Region mit direktem Strandzugang.

S 101 **Reisemobilhafen Sellin** (S. 185 H3)
Kiefernweg 4B, Sellin,
Tel. 038303/92770,
wohnmobilstellplatz-sellin.de
GPS: 54.37240, 13.70220
Der Reisemobilhafen mit insgesamt 50 attraktiven Stellplätzen bietet eine Entsorgungsstation mit Trink-

Dat Stranddörp Campingplatz Mönchgut

wasserversorgung, eine Rezeption mit Sanitärbereich (WC, Duschen), Stellplätze mit Stromsäule ...

S 102 Wohnmobilstellplatz Parkplatz P1 Zentrum Binz (S. 185 H3)
Proraer Chaussee, Binz,
Tel. 038393/2661,
ostseebad-binz.de
GPS: 54.40293, 13.60118
Gebührenpflichtiger Stellplatz im Zentrum. Am Platz: Entsorgung Grauwasser, Entsorgung Chemie-WC, WC. Bezahlung mit Parkscheinautomat. Maximaler Aufenthalt: eine Nacht.

C 103 Krüger Naturcamping (S. 185 H2)
Jasmunder Straße 5, Lohme OT Nipmerow,
Tel. 038302/9244,
ruegen-naturcamping.m-vp.de
GPS: 54.56885, 13.61565
Der Waldcampingplatz liegt im Nationalpark Jasmund, drei Kilometer vom Königsstuhl entfernt und von herrlichen, teilweise über hundert Jahre alten Buchen umgeben. Vom Campingplatz aus genießt man einen wunderschönen Ausblick über die Bucht Tromper Wiek zum Kap Arkona. Es können zahlreiche Wander- und Radtouren durchgeführt werden.

S 104 Stellplatz am Königsstuhl (S. 185 H2)
Stubbenkammerstraße 57,
Lohme, Tel. 038302/88855,
lohme.de
GPS: 54.56293, 13.62143
Gebührenpflichtiger Stellplatz für 40 Wohnmobile mit befestigtem und geschottertem Untergrund. Am Platz: Imbiss, Frischwasser, Strom, WC, Dusche. In der Nähe: Hafen Lohme, Nationalpark Jasmund, Kreidebrücke am Königsstuhl, beschilderte Rad- und Wanderwege. Ganzjährig nutzbar.

C 105 Freizeitcamp am Wasser im Ostseebad Juliusruh (S. 185 F1)
Wittower Straße 1–2,
Ostseebad Juliusruh,
Tel. 038391/43928,
freizeitcampamwasser.m-vp.de
GPS: 54.60966, 13.37947
Der Campingplatz liegt im Seebad Breege-Juliusruh zwischen dem Breeger Bodden und der Ostsee. Von hier aus sind es nur wenige Meter bis zum feinen Sandstrand. Der Platz ist ideal gelegen, um einen tollen Strandurlaub zu verbringen, aber auch um die Umgebung zu erkunden.

Freizeitcamp am Wasser in Juliusruh

KNAUS Camping und Ferienhauspark Rügen

C 106 **KNAUS Camping- und Ferienhauspark Rügen**
(S. 185 F1)
Zittkower Weg 30,
Altenkirchen,
Tel. 038391/43 46 48, knaus-camp.de/ruegen.html
GPS: 54.3818, 13.2235
Der Camping- und Ferienhauspark liegt in unmittelbarer Nähe zum Ostseebad Breege-Juliusruh auf einem Hochplateau, 10 Meter über dem Meeresspiegel am berühmten Sand- und Kieselstrand Schaabe. Von den 140 hochwertigen Stellplätzen für Wohnwagen und Reisemobile erreicht man den Strand direkt über einen Treppenzugang.

↑ Stellplatz am Königsstuhl
↓ Freizeitcamp am Wasser in Juliusruh

Wassertor und Hafen in der Hansestadt Wismar

2

STÄDTETOUR – HANSEZEIT UND BACKSTEINGOTIK

Von Anklam über Greifswald und Stralsund nach Rostock, Wismar und Schwerin

Durch Freihandel und ein geschäftstüchtiges Bürgertum gelangten viele Hansestädte zu Wohlstand, wovon noch heute wertvolle Kultur- und Baudenkmale zeugen. Von Anklam über Greifswald und Stralsund nach Rostock und Wismar geht unsere Reise, zu Städten, die von der Backsteinarchitektur geprägt sind, und zu einem guten Teil zum Weltkulturerbe zählen. Die Seen- und Schlossstadt Schwerin bildet den krönenden Abschluss.

Wohnmobile haben in den Zentren der Hansestädte generell nichts zu suchen. Es gibt aber in allen Städten, die wir angefahren haben, zentrumsnahe Park- und Stellplätze. Von dort empfiehlt es sich, je nach Ausdehnung und Größe der Stadt, entweder zu Fuß oder mit dem Rad auf Erkundungstour zu gehen.

ANKLAM AN DER PEENE

Die **Hansestadt Anklam** ist überschaubar. Direkt am Ortseingang an der Peene liegt der Wasserwanderrastplatz Anklam mit Park- und Wohnmobilstellplätzen. Von hier sind es nur ein paar Schritte ins historische Zentrum der Stadt.
Aufgrund ihrer Lage wird die Hansestadt Anklam als »Tor zur Insel Usedom« bezeichnet. Bekannt ist die Stadt auch als Geburtsort des Luftfahrtpioniers Otto Lilienthal.
Das **Land südlich der Peene** um Anklam wurde schon im Jahre 984 als Land Groswin erwähnt. Die erste urkundliche Erwähnung Anklams stammt aus dem Jahre 1243. Der 1283 erfolgte Beitritt Anklams in den Hansebund war für die Stadt von entscheidender Bedeutung. Die Stadt wurde planmäßig angelegt. Es entstand ein schachbrettartiger Grundriss, der zwölf Vierecke von je rund einem Hektar umfasste. Es ließen sich immer mehr Kaufleute und Handwerker nieder. Die Stadt kam zu Wohlstand und Ansehen und wurde eine der reichsten Städte Pommerns. Leider ist Anklam nach dem Zweiten Weltkrieg mit über 70 Prozent eine der am stärksten zerstörten Städte Deutschlands, und so hat die Stadt ihr geschichtsträchtiges Bild für immer verloren. Nur wenig ist heute noch von der einst so schönen und reichen Hansestadt zu spüren: die Marienkirche, die Ruine der Nikolaikirche und das Steintor lassen einiges erahnen.
Die **St.-Marien-Kirche** in Anklam ist die ältere der beiden großen Stadtkirchen. 1296

St.-Marien-Kirche in Anklam

ROUTE 2

STARTPUNKT
Anklam

ENDPUNKT
Schwerin

STRECKEN
Landstraßen und Autobahn

STRECKENLÄNGE
ca. 270 km

FAHRZEIT
10 bis 14 Tage

BESTE JAHRESZEIT
ganzjährig

Start
Ankalm
St. Marienkirche
Nikolaikirche
Marktplatz
Steintor
Otto Lilienthal-Denkmal und -Museum
Neptunskulptur
Peene

37 km

Greifswald

wurde die Kirche erstmals urkundlich erwähnt. Ursprünglich handelte es sich bei der heutigen dreischiffigen Hallenkirche der Backsteingotik um eine romanische Kirche mit Doppelturmanlage, die noch wesentlich älter einzuordnen ist. Der romanische Turm ist noch heute im Mauerwerk des gotischen Nachfolgers erkennbar. Als Denkmal nationaler Bedeutung wurde die Marienkirche vor allem wegen ihrer außergewöhnlichen Wandmalereien, die zum größten Teil aus der ersten Hälfte des 14. Jahrhunderts stammen, bekannt.
Trotz schwerer Kriegsschäden überstand die Marienkirche im Gegensatz zur Nikolaikirche den Krieg relativ gut und konnte schon 1947 wiedereingeweiht werden. Die Nikolaikirche geht auf das 14. Jahrhundert zurück und ist ebenfalls eine dreischiffige Hallenkirche der Backsteingotik mit West-Turm. Die Kirche wurde 1945 zerstört. Sie wird seit 2010 wiederaufgebaut und wird heute für Konzerte und Ausstellungen genutzt. Der zentrale **Anklamer Markt** aus dem 13. Jahrhundert mit dem Marktbrunnen ist seit dem Mittelalter das Zentrum der Stadt. Das gotische Rathaus stand einst hier am Platz, auf dem heute der Wochenmarkt abgehalten wird.
Einen besonderen Hingucker und ein beliebtes Fotomotiv gibt es beim Kreisverkehr am Marienkirchplatz: Als spektakuläre Kreisverkehrskunst steht hier eine überlebensgroße Neptunskulptur, die den Autofahrern den Weg zur Ostsee zeigt.
Eine Einkehr zur Stärkung lohnt sich in der **Gaststätte Dabers** in der Mägdestraße 1 (Tel. 03971/24 31 73, gaststaette-dabers-anklam.metro.rest). In der Gaststätte und im urigen Biergarten wird deutsche und bulgarische

Küche in all ihren Facetten und mit authentischen Gerichten geboten. Die **Gaststätte Am Steintor** am Neuen Markt 3 (Tel. 03971/83 30 50, gaststaette-steintor.de) wartet mit ansprechender Speisekarte, ausgezeichneter Qualität, freundlicher Bedienung und fairen Preisen auf.

Ein vom Warener Bildhauer Walther Preik entworfenes Denkmal für Otto Lilienthal, eine Säule aus glasfaserverstärktem Polyesterharz mit einer Höhe von 16 Metern, wurde 1982 am Anklamer Markt aufgestellt und bekam 2007 einen neuen Standort am Pferdemarkt. Der Luftfahrtpionier Karl Wilhelm Otto Lilienthal wurde 1848 in Anklam geboren Er gilt als erster Mensch, der erfolgreich Gleitflüge mit einem Flugzeug durchführte. Das **Otto-Lilienthal-Museum** in der Ellbogenstraße 1 versteht sich als Personalmuseum für den großen Flugpionier, Ingenieur und Humanisten. Lilienthals Flüge beschreibt es als Wendepunkt von der Jahrhunderte alten Kulturgeschichte des Menschenflugs zur Technikgeschichte des Flugzeugs.

Die **Uferpromenade** von Anklam beginnt an der Fußgängerbrücke Peene/Peenestraße und führt am Fluss entlang Richtung Görke. Schon seit der Stadtgründung war Anklam mit dem Gebiet nördlich der Peene durch Brücken verbunden. Der Vorgänger der jetzigen Pylonen-Konstruktion galt als längste Brücke der Welt: Die Krümmung des Brückenkörpers war so stark, dass man am Fuß der Brücke das andere Ende nicht sehen konnte. Die heutige Holzbrücke ist nur für Fußgänger und Radfahrer zugelassen. Die Schwedenmühle ganz in der Nähe entstand 1728 als erste Holländerwindmühle im damals geteilten Anklam.

↑ Neptunskulptur in Anklam
↓ Nikolaikirche am Markplatz

SPECIAL

ABENTEUER FLUSSLANDSCHAFT

Das naturbelassene Peenetal ist ein Ort zum Abtauchen aus dem Alltag. In einer Landschaft, in der Seeadler, Eisvogel und Biber seit Jahrhunderten zu Hause sind, wartet das Abenteuer Natur – im Paddelboot, per Kanu oder Hausboot oder mit der »Ida vom Peendamm« auf dreistündiger Peenesafari (Werftstraße 6, Anklam, Tel. 03971/24 28 39, abenteuer-flusslandschaft.de).

Der Greifswalder Stadthafen am Ryck ist ein lebendiges Museum.

GREIFSWALD, DIE STADT VON CASPAR DAVID FRIEDRICH

Greifswald ist mit Sicherheit eine der schönsten Städte an der Ostseeküste. Dazu trägt nicht nur die einmalige Lage an dem in die Ostsee mündenden Fluss Ryck am Greifswalder Bodden zwischen den Inseln Rügen und Usedom bei. Auch architektonisch und kulturell hat Greifswald eine Menge zu bieten. Die 1456 gegründete Universität Greifswald, heute Ernst-Moritz-Arndt-Universität für 12 000 Studierende, ist die nach Rostock zweitälteste Universität im Ostseeraum. Mit knapp 60 000 Einwohnern ist Greifswald die viertgrößte Stadt Mecklenburg-Vorpommerns. Caspar David Friedrich, das berühmteste Kind der Stadt, hat mit seinen zahlreichen Bildern von Greifswald und Umgebung das seine zum Bekanntheitsgrad der Stadt beigetragen. Am besten fährt man in Greifswald über den Hansering in Richtung Ryck. Auf der rechten Seite liegt zentrumsnah der günstige Parkplatz Hansering Greifswald. Von hier aus ist es nicht weit zum Museumshafen und ins Stadtzentrum.

Greifswald
Marktplatz
Rathaus
Gotische Giebelhäuser
St. Marien
St. Nikolai
St. Jakobi
Klosterruine Eldena
Caspar David Friedrich-Zentrum
Museumshafen
Fischerdorf Wieck
39 km
Stralsund

Die **Altstadt von Greifswald** überrascht mit Baustilen nahezu aller Epochen: von der mittelalterlichen Backsteingotik bis zu modernen Architekturformen. Wegen der markanten Backsteinbauten wird der historische Kern der Stadt auch als backsteinrotes Herz der Hansestadt bezeichnet. Einzigartig in Größe und Gestalt präsentiert sich der **Marktplatz**. 11 000 Quadratmeter sind mit Lausitzer Granit gepflastert und werden von den gotischen Wohnspeichern und Bürgerhäusern mit vielfarbigen Fassaden auf der Nordseite, dem Rathaus und der alten Rats-

apotheke eingerahmt. Das gotisch-barocke Greifswalder **Rathaus** stammt aus dem 13. Jahrhundert. Seine heutige Gestalt erhielt das Rathaus weitgehend nach dem Wiederaufbau um 1738. Aus dieser Zeit stammt auch die barocke Ausgestaltung der ehemaligen Ratsstube.
Architekturhistorisch bedeutend sind die beiden mittelalterlich-hanseatischen **gotischen Giebelhäuser** am Markt 11 und 13. Die im Stil der Backsteingotik erbauten Bürgerhäuser zählen vermutlich zu den ersten Steinhäusern in Greifswald. Geprägt wird die Altstadt zudem durch Bauten der **Universität** Greifswald, wie dem Hauptcampus, Klinikbauten sowie verschiedene Institutsbauten. Unter schwedischer Krone wurde von 1747 bis 1750 das neue Universitätshauptgebäude errichtet. Die Aula, heute einer der schönsten barocken Festsäle im Land, beherbergte bis 1883 die Universitätsbibliothek. Der Konzilsaal ist mit einer Sammlung von Professorenporträts des Malers Wilhelm Titel geschmückt. Um das Hauptgebäude der Universität gruppiert sich der Altstadt-Campus mit der alten Universitätsbibliothek.
Im schönsten Schaugiebelhaus am Greifswalder Marktplatz lädt das **Caféhaus Marimar** (Markt 11, Tel. 03834/89 84 20) in einer zwanglosen und gemütlichen Atmosphäre zu Kaffee, Tee, Kuchen und Torten.
St. Marien – im Volksmund auch Dicke Marie genannt – wurde um 1260 als chorlose, dreischiffige Hallenkirche errichtet und ist die älteste der drei großen Stadtkirchen. Die gotische Backsteinkirche fand 1280 erstmals urkundlich als Pfarrkirche Erwähnung. Der imposante Ostgiebel stammt aus dem Jahr 1360. Die Wandmalereien mit der Passionsgeschichte Jesu Christi stammen aus dem Jahre 1411. Die kostbare Kanzel, verziert mit zahlreichen Intarsien, wurde 1587 geschaffen.

Die um 1280 erstmals urkundlich erwähnte **Kirche St. Nikolai** liegt im westlichen Zentrum in Nachbarschaft zum Hauptgebäude der Universität und ist ein Wahrzeichen der Stadt. Der Kirchenraum ist im neugotischen Stil ausgestattet. Der 98 Meter hohe, barock behelmte Turm kann bestiegen werden. An hohen Feiertagen erklingt ein besonderes Glockenspiel der insgesamt sieben Glocken. 1456, im Jahr der Universitätsgründung, fand die Weihung zum Dom statt. Bis heute finden hier akademische Ehrungen und Immatrikulationen statt.
Die kleinste mittelalterliche Stadtpfarrkirche Greifswalds, **St. Jacobi**, im Volksmund auch als »kleiner Jakob« bezeichnet, wurde 1275 erstmals urkundlich erwähnt. Um 1400 er-

↑ In der Altstadt von Greifswald
↓ Alter Markt mit Rathaus

Die Hallenkirche St. Marien in Greifswald

folgte der Umbau zur dreischiffigen Halle und der Anbau des Chores. Im Laufe des 17. Jahrhunderts und bis ins 19. Jahrhundert wurde die Kirche mehrmals zu weltlichen, darunter vor allem militärischen Zwecken umfunktioniert.

Das 1199 an der Ryckmündung östlich der späteren Stadt Greifswald gegründete **Zisterzienserkloster Eldena** war im Mittelalter das bedeutendste Kloster der Region. Das Kloster bestand bis zur Reformation 1533 und verfiel in der Folgezeit. Ab 1827 erfolgte im Sinne der Romantik eine konservatorische Sicherung und gleichzeitige Gestaltung des Ruinengeländes. Neben seiner kultur- und architekturgeschichtlichen Bedeutung ist die Klosterruine Eldena heute eine Veranstaltungsstätte von überregional bekanntem Ruf für Theateraufführungen, Konzerte der klassischen und populären Musik, den Eldenaer Klostermarkt und die Eldenaer Jazz Evenings. Die Klosteranlage ist ganzjährig geöffnet und frei zugänglich.

In dem elterlichen Wohn- und Geschäftshaus in der Langen Straße 57 wurde Caspar David Friedrich, der Wegbereiter der Romantik, 1774 als sechster Sohn des Seifensieders und Kerzengießers Adolf Gottlieb Friedrich geboren. Das **Caspar-David-Friedrich-Zentrum** steht heute an der Stelle seines Geburtshauses und widmet sich dessen Leben und Werk. Von dort aus führt ein **Caspar-David-Friedrich-Bildweg** zu 15 Stationen, die im Zusammenhang mit dem Leben des Malers stehen. Der Weg führt von der Altstadt über den Museumshafen bis zur Klosterruine Eldena und lässt sich zu Fuß oder mit dem Fahrrad erschließen. Besucher können den Weg individuell mithilfe einer Broschüre oder im Rahmen eines geführten Rundgangs erkunden.

Der **alte Stadthafen am Ryck** ist heute ein lebendiges Museum. Er ist Heimathafen für eine beachtliche Sammlung alter Fischereifahrzeuge und Frachtsegler. Das älteste Schiff wurde um 1880 auf Kiel gelegt. Sieben verschiedene Tafeln informieren über die Geschichte des Hafens. Während des Fischerfestes Gaffelrigg, das stets am dritten Samstag im Juli stattfindet, präsentieren die Mannschaften ihre stolzen Schiffe bei ei-

AUSFLUG

FISCHERDORF WIECK

Dort, wo der Fluss Ryck in den Greifswalder Bodden mündet, liegt das kleine, aus einer slawischen und dänischen Ansiedlung hervorgegangene Fischerdorf Wieck. Wahrzeichen ist die nach holländischem Vorbild 1887 erbaute Wiecker Zugbrücke. Niedrige, mit Reet gedeckte Fischerkaten aus dem 18. und 19. Jahrhundert säumen die schmalen Dorfstraßen. Entlang der Promenade sind Holzskulpturen internationaler und einheimischer Künstler aufgestellt. Vom Museumshafen in der Greifswalder Innenstadt fährt man am besten mit dem Fahrrad auf einem gut befestigten Treidelpfad rund fünf Kilometer immer am Ryck entlang direkt in das Fischerdorf.

Direkt am Strelasund in Stralsund liegt das Ozeaneum.

ner gemeinsamen Ausfahrt hinaus auf den Bodden.

Die Fußgängerbrücke, die den Hafen überspannt, führt zum Forum am Museumshafen, einem Festspielplatz für Open-Air-Veranstaltungen. Auf den Hafenterrassen, einem der beliebtesten Plätze der Stadt, trifft sich Jung und Alt. Fischbrötchenkutter bieten leckere Speisen an, es wird getanzt und musiziert.

Im Fangenturm, einem ehemaligen Teil der mittelalterlichen Befestigungsanlage auf der Südseite des Hafens, hat der Hafenmeister seinen Sitz. Dieser hat die organisatorische Verantwortung für den Hafen mit über 50 Liegeplätzen, die ausschließlich seetüchtigen Traditionsschiffen vorbehalten sind.

STRALSUND, DIE ÄLTESTE STADT POMMERNS

Am Strelasund, einer Meerenge der Ostsee zwischen dem Festland und der Insel Rügen, liegt die **Hansestadt Stralsund**. Kurz vor Stralsund am Putter See biegen wir links von der Bundesstraße 105 in die Rostocker Chaussee ab. An der zweiten Möglichkeit rechts, geht es in die Straße Am Feldrain. An deren Ende befindet sich am Langendorfer Berg auf privatem Gelände der Wohnmobilstellplatz von Dirk Luschnat. Von dort erreicht man über den Radweg in knapp 20 Minuten das Zentrum von Stralsund.

Stralsund als Stadtname wurde 1234 erstmals urkundlich erwähnt und erhielt in diesem Jahr das Lübische Stadtrecht. Als älteste Stadt Pommerns und Gründungsmitglied der Hanse kam die Stadt durch internationalen Handel zu beachtlichem Wohlstand. Die Altstadt mit ihren zahlreichen Baudenkmälern und wertvollen Zeugnissen der Backsteingotik gehört seit 2002 zum UNESCO-Weltkulturerbe.

Das bis ins 13. Jahrhundert zurückgehende **Rathaus** mit seiner faszinierenden Fassade ist zum Wahrzeichen der Stadt geworden.

Stralsund

Rathaus und Alter Markt
St. Nikolaikirche
St. Marienkirche
Stadtmauer mit Stadttoren
Meeresmuseum und Ozeaneum
Gorch Fock

79 km

Rostock

Beeindruckende Kulisse: Nikolaikirche und Rathaus in Stralsund

Der bedeutendste Profanbau der deutschen Ostseeküste lässt heute noch Ruhm und Reichtum der Hansezeit erahnen. Die sechsschiffige, gewölbte Kellerhalle diente einst vermutlich als Tuchhalle. Im Erdgeschoss waren Verkaufsbuden untergebracht. Der nördliche Teil am **Alten Markt** zeigt im Erdgeschoss eine zweischiffige Gewölbehalle. Der darüber liegende Löwensche Saal war ursprünglich der Sitzungsraum der städtischen Oberschicht.

Die älteste der drei Stralsunder Pfarrkirchen ist die monumentale **St. Nikolaikirche** am Alten Markt. Der Bau wird erstmals im Jahre 1276 erwähnt und ist dem Schutzpatron der Seefahrer, dem heiligen Nikolaus, geweiht. Im 14. Jahrhundert wurde die Kirche zur dreischiffigen Basilika mit Chorumgang und imposanter Doppelturmanlage umgebaut. 1667 erhielt der Südturm eine Barockhaube, womit die Kirche eine Höhe von 103 Metern erreicht.

Zu den ältesten Kunstschätzen der Nikolaikirche gehört die fast zweieinhalb Meter hohe, in Stuck gefertigte Monumentalskulptur »Anna Selbdritt«, eine der bedeutendsten Großplastiken des Ostseegebietes jener Zeit. Von den einst 56 Altären sind nur noch wenige erhalten, so der gotische Hochaltar, der barocke Trennaltar und die Kanzel aus dem Jahre 1611. Die astronomische Uhr aus dem Jahre 1394 ist eines der wenigen erhaltenen Exemplare dieser Uhrenart.

Die größte Pfarrkirche von Stralsund wurde 1298 erstmals erwähnt. In der heutigen Form wurde die **Marienkirche** zwischen 1384 und 1478 erbaut. Das imposante Westwerk ist ohne Parallele in der zeitgenössischen Architektur. Es besteht aus zwei Seitenhallen und dem überragenden Mittelturm, den vier kleine Treppentürme flankieren. Die Marienkirche hat ein dreischiffiges Querhaus und einen polygonalen Chorumgang mit Kapellenkranz. Kostbarster Besitz der Kirche ist die 1659 vom Lübecker Orgelbaumeister Friedrich Stellwagen gebaute Barockorgel. Es lohnt sich, die 366 Stufen des 104 Meter hohen Turms zu ersteigen: Es bietet sich ein wunderschöner Blick über die Stadt, Rügen und die Ostsee.

Im Gegensatz zu vielen anderen mittelalterlichen Städten sind in Stralsund noch große Teile der **Stadtmauer** erhalten. Die einstige Befestigungsanlage aus Pfahlwerk wurde ab dem 14. Jahrhundert durch eine Steinmauer mit Türmen und Wehrgängen nach und nach ersetzt. Zwischen dem ehemaligen Hospitaler Tor und dem Kütertor ist die Stadtmauer restauriert worden. Wehrgänge und Wiekhäuser sind hier noch erhalten.

Von den einst zehn **Stadttoren** sind noch zwei erhalten: Das bereits 1293 urkundlich erwähnte Kniepertor wird heute als originelle Wohnung genutzt. Das 1446 erbaute Kütertor ist an beiden Seiten sparsam mit Blenden gegliedert. Ein Zeltdach mit Laterne und steilem Helm bildet den Abschluss.

In der Fährstraße steht ein ganz besonderer Brunnen: der der »**geschwätzigen Weiber**«. Neugierige Frauen sind hier in niedlicher Pose auf dem Brunnenrand einer alten Pumpe zu sehen. Früher dienten die Brunnen der Trinkwasserversorgung. Mägde, buntes Weibervolk, Kinder und Knechte trafen sich am Brunnen zum Wasserholen – und zum Tratsch und Schwatz.

In der **kaffee bar** am Alten Markt 16 (Tel. 03831/35 67 59) gibt es frische Bowls, deftige und süße Smörrebröds, Kaffee und Kuchen in gemütlichem Ambiente, am Abend Wein, Bier und spritzige Longdrinks – dazu nordische Tapas und regionale Produkte. Die **Fischhalle** in der Neuen Badenstraße 2 (Tel. 03831/27 83 66) bietet Frischfisch, XXL-Fischbrötchen, Räucherfisch, Backfisch, Salate und Marinaden aus eigener Herstellung in bester Qualität an. Ob Frühstück, Mittagstisch, Kaffee, Abendessen oder Cocktails – das **Burwitz Legendär** am Alten Markt 8 (Tel. 03831/309 55 20) vereint Restaurant, Bar & Café in einer verführerischen Kombination. Beim **Fischkutter Anja** An der Fährbrücke 2 am Hafen schließlich gibt es fantastische Fischbrötchen.

Das **Deutsche Meeresmuseum** mit seinen vier Standorten ist das größte naturwissenschaftliche Museum Norddeutschlands. Es hat seinen Sitz in der frühgotischen Klosterkirche des ehemaligen Katharinenklosters und bietet eine gelungene Mischung aus wunderschönen Aquarien und Ausstellungen. Publikumslieblinge sind die Meeresschildkröten in Deutschlands größtem Schildkrötenbecken. Auf der Stralsunder Hafeninsel, direkt am Strelasund gelegen, befindet sich das **Ozeaneum**, wo man eine Unterwasserreise durch Ostsee, Nordsee und Atlantik bis hin zum Polarmeer unterneh-

↓ Eingangsportal zur Nikolaikirche
↘ Das Ozeaneum in Greifswald

Das Segelschulschiff Gorch Fock
im Heimathafen Stralsund

men kann. Highlight ist neben den »1:1 Riesen der Meere« das ebenso riesige Schwarmfischbecken. Mitten im Strelasund, auf der Insel Kleiner Dänholm, befindet sich auf einer Fläche von 2,3 Hektar das **Nautineum**.

SPECIAL

GORCH FOCK

Die Gorch Fock lief als erstes einer Serie von sechs baugleichen Segelschulschiffen 1933 bei der Hamburger Werft Blohm+Voss vom Stapel und fuhr unter UdSSR- und ukrainischer Flagge. 2003 kaufte der gemeinnützige Verein Tall-Ship Friends das Schiff, taufte es auf den alten Namen Gorch Fock und holte es in seinen alten Heimathafen Stralsund. Hier ist das Schiff ganzjährig für das Publikum zugänglich. An Deck des Schiffes kann sogar geheiratet werden.

Hier gibt es »Meer im Original« mit Großexponaten der Fischerei und Meeresforschung zu bestaunen.

Am Neuen Markt begann 1853 der Stralsunder Braumeister und Kaufmann Johann Wiechmann seinen Handel. Seine Frau Karoline stellte im Hinterhof eine Spezialität her: Den frischen, entgräteten Ostseehering legte sie in einem sauren Aufguss ein und verpackte ihn in Holzfässchen für den Versand. Die Fischkonservenfabrik Johann Wiechmann entstand und begründete die Fischindustrie an der deutschen Ostseeküste. Wiechmann war ein großer Verehrer von Otto von Bismarck und schickte diesem zu seinem Geburtstag ein Holzfässchen mit Heringen. Im Anschreiben bat der Absender »untertänigst« darum, den zubereiteten Ostseehering künftig als **Bismarckhering** handeln zu dürfen. Otto von Bismarck gab 1871 handschriftlich seine Einwilligung und der Kostbarkeit aus der Hansestadt Stralsund seinen Namen. Der Bismarckhering trat seinen Siegeszug in die Welt an: fangfrisch, mild-sauer eingelegt, und nach alter Rezeptur bis heute.

ROSTOCK, HANSE- UND UNIVERSITÄTSSTADT

Ungefähr in der nördlichen Mitte Mecklenburg-Vorpommerns liegt **Rostock**. Das Stadtgebiet erstreckt sich beiderseits des Unterlaufs der Warnow bis zu deren Mündung in die Ostsee im Stadtteil Warnemünde.
Am besten ist es, Rostock über den Mühlendamm anzufahren. Gegenüber vom Flussbad Rostock liegt der große Parkplatz Rostock Mühlendamm, der auch 30 Stellplätze bietet. Von dort sind es 15 Minuten zu Fuß ins Stadtzentrum. Wer in Rostock übernachten möchte, fährt einmal um die Stadt. Direkt am Warnowufer gibt es am Stadthafen einen großen Parkplatz mit 30 Stellplätzen für Wohnmobile.
Mit knapp 210 000 Einwohnern ist Rostock die bevölkerungsreichste Stadt Mecklenburg-Vorpommerns. Geprägt wird Rostock durch seine Lage am Meer, seinen Hafen sowie durch seine Universität, die 1419 gegründet wurde und zu den ältesten Hochschulen Deutschlands zählt.
Rostock verfügt über einen reichen Altbaubestand und einen relativ geschlossenen historischen Stadtkern. Zu den Sehenswürdigkeiten zählen neben den Kirchen das Kloster zum Heiligen Kreuz, das Rathaus und die Kröpeliner Straße als pulsierende Einkaufs- und Flaniermeile im Herzen der Stadt. Das maritime Flair Rostocks prägt der Stadthafen. Rostocks wohl herrlichster Stadtteil und Tor zur Ostsee ist das **Seebad Warnemünde**, einer der schönsten und traditionsreichsten deutschen Badeorte an der Ostseeküste. Die Universitätsstadt bietet aber auch ein abwechslungsreiches künstlerisches und kulturelles Leben. Museen und Galerien laden zum Entdecken, das Volkstheater zum Erleben sowie Kneipen, Gaststätten und Restaurants zum genussvollen Verweilen ein.
Rostocks schönste und bedeutendste Kirche ist **St. Marien**, ein Hauptwerk der norddeutschen Backsteingotik. Querschiff und Langhaus der kreuzförmigen Basilika sind gleich lang, was den geschlossenen Eindruck der Kirche betont. Der Bau der dreischiffigen Basilika begann um 1290 und war um die Mitte des 15. Jahrhunderts abgeschlossen. Sehenswert sind neben der reichen Ausstattung die Astronomische Uhr mit Apostelumgang aus dem Jahr 1472 und der bronzene Taufkessel aus dem Jahr 1290.
Die **St.-Petri-Kirche** am Alten Markt ist die älteste und mit 117 Meter die höchste der ehemals vier Stadtkirchen der Hansestadt

Das Ständehaus in Rostock

Rostock
St. Marien
St. Petri
Nikolai
Kloster zum Heiligen Kreuz
Neuer Markt
Kröpeliner Straße
Universität und Universitätsplatz
Warnemünde
Stadthafen und Leuchtturm
63 km
Wismar

Rostock. Mitte des 14. Jahrhunderts wurde an Stelle des Vorgängerbaus die Kirche als dreischiffige Basilika in der typischen Bauweise der Backsteingotik errichtet. Der Turm – Treppen und ein Fahrstuhl führen heute zur Aussichtsplattform auf 45 Meter – war über die Jahrhunderte eine wichtige Landmarke für die Seeleute und Fischer.
Die frühgotische **Nikolaikirche** ist eine der ältesten noch erhaltenen Hallenkirchen im Ostseeraum. 1230 begann man mit dem Bau der Kirche, 1257 wurde sie geweiht und dem Schutzpatron der Fischer, Schiffer und Brauer, dem Heiligen Nikolaus, anempfohlen. Der imposante Backsteinbau wird für kirchliche und kulturelle Veranstaltungen, als Ort für Konzerte, Ausstellungen und Theateraufführungen genutzt. Kurios sind die 1985 errichteten drei Wohnetagen mit 13 Wohnungen und 5 Gästezimmern im gotischen Hallendach.

↑ Am Steintor in Rostock
↓ Universitätsplatz: Brunnen der Lebensfreude

Das **Kloster zum Heiligen Kreuz** im westlichen Stadtzentrum ist eine vollständig erhaltene Anlage aus dem 13. und 14. Jahrhundert. Das ehemalige Zisterzienser-Nonnenkloster wurde im Jahre 1270 durch die dänische Königin Margarete gestiftet. Es ist heute Sitz des Kulturhistorischen Museums Rostock. Im Klosterhof lädt das urige **Café Kloster** (Tel. 0381/375 79 50, cafe-kloster.de) abseits vom städtischen Treiben zum Verweilen.
1462 kamen die »Fraterherren«, eine um 1370 in den Niederlanden gegründete Bruderschaft, nach Rostock. Die Brüder folgten den wichtigsten Ordensregeln der Mönche, waren aber an kein Gelübde gebunden. Sie begannen 1480 mit dem Bau ihres **Michaelisklosters** – einer Kombination aus Kirche, Arbeitsstätte und mehrgeschossigem Wohnhaus. Neben der Lehrtätigkeit, dem Abschreiben von Büchern und dem Buchbinden widmeten sich die Mönchsbrüder von 1476 bis 1531 dem Buchdruck. Sie errichteten 1475 die erste Druckerei der Stadt.
Rostock hatte in seinen einstigen drei Teilstädten je einen Marktplatz mit einem Rathaus und einer nahe gelegenen Kirche. Einer davon ist der **Neue Markt**, der sich schnell zum wirtschaftlichen Mittelpunkt der Gesamtstadt entwickelte. Das mittelstädtische Rathaus wurde Rathaus der Gesamtstadt, die Marienkirche Hauptpfarrkirche. Der älteste Gebäudeteil des Rostocker Rathauses stammt aus dem 13. Jahrhundert. Die ursprünglichen drei Gebäude wurden um 1727 von einer gotischen Fassade zusammengefasst, die allerdings nur im oberen Teil sichtbar ist und ihrerseits größtenteils von einem barocken Vorbau aus dem 18. Jahrhundert verdeckt wird.
Rostocks Bummel- und Einkaufsmeile per excellence ist die **Kröpeliner Straße** zwischen Neuem Markt und Kröpeliner Tor. Sie ist geprägt von einer Vielzahl aufwendig

Aufwendig restaurierte Giebelhäuser am Neuen Markt in Rostock

restaurierter Giebelhäuser mit schönen Fassaden verschiedenster Architekturepochen, darunter Backsteingotik, Renaissance der Hansezeit, Barock und Postmoderne. Bis Anfang der 1960er-Jahre fuhr die Straßenbahn durch die Kröpeliner Straße, die ab 1968 zur Fußgängerzone umgestaltet wurde und eine der ersten ihrer Art in der DDR war. In der Straße gibt es über 250 Geschäfte sowie Gaststätten und Cafés.

Das **Kröpeliner Tor**, 1280 erstmals urkundlich erwähnt, ist das prächtigste der einst 22 Stadt- und Wassertore. Das sechsgeschossige Tor mit einer Höhe von 54 Metern ist heute stadtgeschichtliches Begegnungszentrum und zeigt eine Ausstellung zur Rostocker Stadtbefestigung.

Das **Steintor** wurde im Stil der niederländischen Renaissance (1574–1577) auf den Grundmauern des ehemals gotischen südlichen Haupttores errichtet. Schlicht zeigt sich die Feldseite, während die prächtige Stadtseite Siegel und Ratswappen der Stadt zieren. Das Universitätshauptgebäude der 1419 gegründeten **Rostocker Universität** entstand 1867 mit reichem Terrakottaschmuck im Stil der italienischen Renaissance. Der dreieckige **Universitätsplatz** hat ebenfalls einiges zu bieten: Das 1986 fertiggestellte Fünfgiebelhaus zeigt, dass auch mit der Großplattenweise ein harmonisches Einfügen von Neubauten in vorhandene Bausubstanz möglich ist. Besonders sehens- und hörenswert ist das Glockenspiel an dem Gebäude, das jeden Samstag um 11 Uhr erklingt. Der Brunnen der Lebensfreude ist beliebter Tummelplatz für Groß und Klein. Er wurde 1980 von den Künstlern Jo Jastram und Reinhard Dietrich erschaffen und besteht aus 20 Figuren und 18 großen und kleinen Wasserfontänen.

Maritim geprägt ist der Stadtteil **Warnemünde**. Am Teepott beginnt die Seepromenade, eine beliebte Flaniermeile, die auf etwa zwei Kilometern Länge vom Leuchtturm am

Brunnen im zentral gelegenen Rostocker Lindenpark

Hotel Neptun vorbei bis zum Küstenwald im westlichen Teil des Seebades reicht. Der bis zu 100 Meter breite Strand ist über fünf Kilometer lang, steinfrei und wird in Richtung Steilküste Stoltera immer schmaler. Der Badebetrieb am Strand von Warnemünde geht bis auf das Jahr 1834 zurück. Zu dieser Zeit wurden ein Damen- und ein Herrenbad eröffnet. Der **Stadthafen** am Ufer der Warnow mit Museums- und Seglerhafen ist eine beliebte Spaziermeile mit Gaststätten, Einkaufsmöglichkeiten und großen Speichern. Der 31 Meter hohe **Leuchtturm** wurde 1897/98 erbaut, steht an der Zufahrt zum Hafen Rostock und ist ein Wahrzeichen von Warnemünde. Er ermöglicht einen herrlichen Rundblick über Warnemünde und die Hafeneinfahrt. Auf der Bühne am Leuchtturm finden in der Saison regelmäßig Veranstaltungen und Kurkonzerte statt.

SPECIAL

LINDENPARK IN ROSTOCK

Abseits von großem Verkehrslärm, aber dennoch sehr zentral gelegen, gehört der Lindenpark zu den bekanntesten und beliebtesten Erholungs- und Freizeitflächen in der Hansestadt Rostock. Zu jeder Jahreszeit sind hier Spaziergänger, Jogger oder spielende Kinder mit ihren Familien anzutreffen. Doch kaum einer der Besucher weiß, dass der Lindenpark ursprünglich als Friedhof angelegt wurde.
Ein weiteres Highlight für Kinder und Erwachsene ist der Rostocker Zoo mit 4200 Tieren und 430 verschiedenen Arten aus aller Welt.

WISMAR, HANSESTADT UND WELTKULTURERBE

Am südlichen Ende der durch die Insel Poel geschützten Wismarer Bucht liegt die **Hansestadt Wismar**. Die Stadt wird am besten in

Richtung Hafen angefahren. Am Schiffbauerdamm 12, direkt am Westhafen, liegt nahe der Altstadt der Wohnmobilpark Westhafen Wismar. Von dort geht es bequem zu Fuß ins historische Zentrum. Bis zum Rathaus läuft man eine knappe Viertelstunde. Wer nur kurz bleiben möchte, bleibt gegenüber auf dem Parkplatz Ostkai direkt am Hafenbecken stehen.

Die Stadt hat einen der besterhaltenen **mittelalterlichen Stadtkerne** Europas und wurde als Historische Altstadt Wismar in die UNESCO-Welterbeliste aufgenommen. 1229 wurde Wismar erstmals urkundlich erwähnt. Ein östlich gelegenes, heute nicht mehr nachweisbares Flüsschen, wurde Namenspate: »aqua wissemara«. 1257 verlegte Fürst Johann von Mecklenburg seinen Wohnsitz hierher und Wismar wurde Residenzstadt bis 1358.

Die Altstadt repräsentiert noch heute idealtypisch die Hansestadt während der Blütezeit des Städtebundes im 14. Jahrhundert. Schlendert man durch die Straßen im Zentrum, trifft man auf Schritt und Tritt Zeugen der Vergangenheit.

Der einladende Wismarer **Marktplatz** gehört mit einer Fläche von 10 000 Quadratmetern zu den größten Marktplätzen in Norddeutschland. Imposante historische Giebelhäuser aus unterschiedlichen Epochen umrahmen den Platz. Dominierendes Gebäude dabei ist das Rathaus auf der Nordseite des Marktplatzes. Nachdem das ursprüngliche spätgotische Rathaus 1807 eingestürzt war, wurde der klassizistische Neubau von 1817 bis 1819 errichtet. Auf der Ostseite des Rathauses befindet sich der Eingang zu einer stadtgeschichtlichen Ausstellung im ehemaligen Ratsweinkeller. Das Kreuzrippengewölbe stammt noch aus dem 13. Jahrhundert. Direkt auf dem Marktplatz befindet sich eines der Wahrzeichen der Stadt: die **Wismarer Wasserkunst**, ein pavillonartiges, frei stehendes Bauwerk. Die Wasserkunst wurde von 1579 bis 1602 nach Plänen des Utrechter Baumeisters Philipp Brandin an Stelle eines einfachen Brunnens im Stil der niederländischen Renaissance erbaut und diente bis 1897 zur Trinkwasserversorgung der Stadt. Die Spruchbänder in lateinischer und deutscher Sprache berichten davon.

Wismar
Marktplatz und Wasserkunst
St. Marien
St. Georgen
St. Nikolai
Fürstenhof
Heilig-Geist-Kirche
Welt-Erbe-Haus
Wassertor und Grube
Alter Hafen
Wismar
44 km
Schwerin

An der Ostseite des Marktplatzes steht eines der ältesten Bürgerhäuser der Stadt. Die Backsteinfassade des um 1380 erbauten Hau-

Am Wasserlauf Grube

Der Alte Hafen von Wismar bietet viel maritime Atmosphäre.

ses gehört zu den wertvollsten spätgotischen Giebelhausfassaden der Stadt. Die volkstümliche Bezeichnung »Alter Schwede«, die an die Wismarer Schwedenzeit erinnern soll, erhielt das Gebäude erst viel später, als 1878 eine Gastwirtschaft unter diesem Namen in das Gebäude einzog.
Weithin sichtbar ist der 80 Meter hohe Turm der einst mächtigen **Marienkirche**. Die Zifferblätter der Turmuhr haben einen Durchmesser von 5 Metern. Täglich um 12, um 15 und um 19 Uhr spielt das Glockenspiel einen Choral. Das Kirchenschiff selbst wurde im Zweiten Weltkrieg stark beschädigt und 1960 gesprengt. Bis dahin galt St. Marien als eine der schönsten Backsteinkirchen im norddeutschen Raum. Ein herausragendes Bauwerk norddeutscher Backsteingotik ist der mächtige Sakralbau von **St. Georgen**. Die Ursprünge der Kirche liegen in der ersten Hälfte des 13. Jahrhunderts. In jahrhundertelanger Bautätigkeit wurde die Kirche mehrfach verändert und 1594 fertiggestellt. Einst war **St. Georgen** das Gotteshaus der Handwerker und Gewerbetreibenden. Das im Zweiten Weltkrieg schwer beschädigte Gebäude wurde ab 1990 wieder aufgebaut und 2010 als Gotteshaus und Kulturkirche wiedereröffnet. 2014 wurde in 35 Metern Höhe auf dem Turm der Kirche eine Aussichtsplattform mit beeindruckendem Ausblick auf Wismar geschaffen. Sie ist mit einem Fahrstuhl täglich zu den Öffnungszeiten zu erreichen. **St. Nikolai**, einst das Gotteshaus der Schiffer und Fischer, überstand den Krieg unbeschadet. Die Kirche ist nach St. Marien in Lübeck die zweithöchste backsteingotische Basilika der Welt und gilt als deren Nachfolgebau. Der rote Backstein prägt die Kirche ebenso wie die steilen Proportionen, die die Blicke in die Höhe ziehen. Der Bau der Nikolaikirche wurde 1381 begonnen und 1508 vollendet. Der 120 Meter hohe Turmhelm stürzte 1703 durch einen Orkan herab und zerstörte die Gewölbe des Mittelschiffs. Danach wurde die Kirche im

Barockstil neu eingerichtet. Die wertvollsten Ausstattungsstücke aus den im Zweiten Weltkrieg zerstörten Kirchen St. Georgen und St. Marien stehen heute in der Nikolaikirche.

In unmittelbarer Nachbarschaft von St. Georgen erbauten die mecklenburgischen Herzöge ihren **Fürstenhof** als Sommerresidenz in Wismar. Seine jetzige Gestalt setzt sich aus zwei fast rechtwinklig zueinander stehenden Flügeln zusammen. Das sogenannte »Alte Haus« entstand 1512/13 im spätgotischen Stil, das »Neue Haus« von 1553 bis 1555 im Stil der italienischen Renaissance. Das Gebäude ist mit plastischem Kalkstein- und Terrakottaschmuck reich verziert. Die drei Geschosse werden durch figürliche Friese voneinander geschieden.

Mitte des 13. Jahrhunderts erbaut, wurden in der **Heilig-Geist-Kirche**, auch Spitalkirche genannt, zunächst kranke und gebrechliche Menschen versorgt. Später diente die Kirche auch zur Unterbringung von Obdachlosen und Pilgern und war Gotteshaus, Klinik und Herberge. Besonders sehenswert sind die kunstvoll bemalte Holzbalkendecke, die prächtig verzierte Kanzel und die aufwendig gestalteten Glasfenster. Kunstwerke aus den zerstörten Kirchen St. Marien und St. Georgen haben neben der Nikolaikirche auch hier einen würdigen Platz gefunden. Eine Notiz am Rande: SOKO-Wismar-Zuschauern dürfte die Kirche bekannt vorkommen. Das Tor zum Kirchhof dient als Kulisse für die Einfahrt zum Polizeirevier der Fernsehserie.

Seit Juni 2014 können sich Einwohner und Gäste im neuen **Welt-Erbe-Haus** in Wismar über die UNESCO und die Geschichte der Hansestadt informieren. Das Besucherzentrum vermittelt durch seine Ausstellungen

KULTUR

MEISTERWERKE DER SAKRALEN BACKSTEINGOTIK

Im Marienkirchturm wird in der Dauerausstellung »Wege zur Backsteingotik« die Bedeutung der mittelalterlichen Backsteinbaukunst gezeigt. Am Beispiel von St. Marien erlebt der Besucher Techniken des gotischen Backsteinbaus und des mittelalterlichen Handwerks. Höhepunkt der Ausstellung ist eine 3-D-Filmvorführung, die die Marienkirche virtuell entstehen lässt. Aus 67 Meter Höhe hat man bei einer Turmbesteigung einen wunderbaren Blick über die Altstadt.

↑ Orgel und …

↓ … Altaraufbau in der Nikolaikirche in Rostock

einen lebendigen Eindruck der langen Geschichte der Hansestadt und ist auch selbst Zeugnis unterschiedlicher Epochen (Welt-Erbe-Haus Wismar, Lübsche Straße 23, Tel. 03841/22 52 91 02, www.wismar.de).
Die Krämerstraße zählte bereits im Mittelalter zu den drei großen Hauptstraßen von Wismar und ist seit der Stadtgründung eine Geschäftsstraße. Das **Stammhaus der Karstadt AG**, ein viergeschossiger Jugendstilbau, befindet sich hier an der Ecke zur Lübschen Straße am Rudolph-Karstadt-Platz 1. Rudolph Karstadt eröffnete 1881 mit nur einem Angestellten sein erstes »Tuch-, Manufactur- und Confectionsgeschäft« und begründete so in Wismar sein späteres Imperium. Er führte auch die damals noch unübliche Geschäftspolitik der Barzahlung ein.
Gutbürgerlich essen in historischem Ambiente mit klassisch deutscher Küche kann man im **Restaurant Alter Schwede** (Am Markt 20, Tel. 03841/28 35 52, alter-schwede-wismar.de). Eine kleine Karte mit viel Liebe zum Produkt sowie eine frische, raffinierte Küche, regional und saisonal, bietet das **Restaurant Frische Grube** (Scheuerstraße 1, Tel. 03841/244 01 26, frischegrube.de). In der Fischgaststätte der Wismarer Fischereigenossenschaft **Fischrestaurant Kutterkaten** geht es urig zu, einfach, frisch und lecker (Alter Holzhafen 1, Tel. 03841/22 70 92, fg-wismarbucht.de).

Das **Wassertor** ist das letzte erhaltene von ursprünglich fünf Stadttoren als Bestandteil der städtischen Wehranlage. Das im Stil der Backsteingotik um 1450 gebaute Wassertor war das einzige Tor, durch das man direkt vom Hafen in die Stadt gelangte. Zur Stadtseite weist das Tor einen typischen spätgotischen Stufengiebel auf. Der um 1600 umgebaute Nordgiebel zeigt sich in Form eines Dreiecks. Beide Giebelfassaden sind mit Blenden und je zwei Wappen geschmückt. Im Zuge der industriellen Entwicklung 1869/70 wurden Stadtmauern, Türme und die anderen vier Stadttore abgerissen.
In der Nähe des Wassertors befindet sich der Wasserlauf **Grube**. Die Grube ist einer der ältesten städtischen Wasserläufe Deutschlands und wurde Mitte des 13. Jahrhunderts nach einem natürlichen Bachlauf künstlich angelegt. Die Grube diente lange Zeit zur Trink- und Brauchwasserversorgung der Stadtbewohner. Ihr Wasser trieb Mühlräder an und war Löschwasserreservoir.
Die Grube durchzieht den Norden von Wismars Altstadt von Ost nach West und mündet in den Alten Hafen. Unweit der Nikolaikirche überspannt die nur wenige Meter lange Schweinsbrücke aus dem 19. Jahrhundert den Wasserlauf. Auf den vier Eckpfosten der Brücke haben kleine, aus Bronze gefertigte Schweinsfiguren ihren Platz gefunden.
Der **Alte Hafen von Wismar** bietet mit

↓ Alles zum Segeln ...
↘ Bronzeschwein an der Schweinsbrücke

Stimmungsvolles Bild: Alter Hafen und Wassertor in Wismar

Flaniermeile, Einkaufsmeile, Liegeplatz und historischen Straßen und Plätzen viel maritime Atmosphäre. Er wurde bereits Anfang des 13. Jahrhunderts, noch vor der Stadtgründung im Jahre 1226, erstmals urkundlich erwähnt. Während der Hanse-Mitgliedschaft Wismars diente er als Umschlagplatz für die verschiedensten Seegüter. Heute dient der Alte Hafen als Liegeplatz für den Nachbau der Poeler Kogge »Wissemara« aus dem 14. Jahrhundert. Boote, Yachten, Schiffe und Großsegler legen hier an. Heimische Fischer verkaufen ihre fangfrische Ware direkt vom Kutter. Die umliegenden Restaurants, Kneipen und Geschäfte laden zum Verweilen ein.

Der **Lohberg** ist kein Berg, sondern ein malerisches Plätzchen am Rande der Altstadt in unmittelbarer Nähe des Alten Hafens. Die alten Lagerhäuser und Speichergebäude der Häuserzeile sind rekonstruiert und farbenprächtig saniert. Sie bieten Raum für Cafés, Kneipen, Bars und Restaurants.

Das 1452 erbaute **Brauhaus** am Lohberg wurde bereits im Mittelalter als Bierbrauerei eingerichtet und hat diese Tradition bis heute beibehalten. Mit traditionellen Speisen im rustikalen Ambiente lädt das Brauhaus täglich ein (Kleine Hohe Straße 15, Wismar, Tel. 03841/250238, brauhaus-wismar.de).

AUSFLUG

SCHIFFSAUSFLÜGE AB WISMAR

Auf einer Hafenrundfahrt vorbei am Alten Hafen und den alten Speichern, zum Überseehafen und dem Holzterminal sowie der längsten Seebrücke in Mecklenburg, der Wismarbucht und der Insel Poel gibt es vieles zu sehen. Von April bis September geht es auf Seetierfang mit einem Fischer an Bord. Eine Piratenfahrt wird zum Highlight für Kinder, eine Abendfahrt mit Happy Hour zum Highlight für Erwachsene (Adler-Schiffe GmbH & Co. KG, Alter Hafen 7, Wismar, Tel. 03841/224646, adler-schiffe.de).

Das Wahrzeichen der Stadt: Schloss und Schlosspark in Schwerin

SCHWERIN, DIE STADT DER SEEN

Über die Bundesstraße 104 geht es nach **Schwerin**, die Landeshauptstadt von Mecklenburg-Vorpommern, die kleinste Landeshauptstadt der Bundesrepublik Deutschland. Am Schlosspark biegen wir in die Walter-Rathenau-Straße ab, dann links in die Bornhövedstraße. Gleich hinter dem Jüdischen Friedhof auf der rechen Seite direkt am Ufer des Schweriner Innensees liegt der schön gelegene und modern umgebaute Wohnmobilstellplatz Hangar 19. Von dort aus geht es dann mit dem Rad auf Erkundungstour in die Innenstadt.

Schwerin wurde 1018 als Wendenburg erstmals erwähnt und erhielt 1160 von Heinrich dem Löwen deutsche Stadtrechte. Damit ist sie die älteste Stadt im heutigen Mecklenburg-Vorpommern. Innerhalb des Stadtgebiets befinden sich insgesamt zwölf Seen. Ausgangspunkt der Stadtentwicklung war die Stelle, an der sich heute das Schweriner Schloss und der Schlossgarten befinden, eine Insel zwischen Schweriner See und Burgsee, die bereits zu slawischen Zeiten besiedelt war.

Schwerin
Schweriner Schloss
Museum Schloss Schwerin
Schlossgarten

In der Renaissance entstand auf der Burginsel ein prächtiges **Schloss**, dessen mächtige Bastionen und reicher Terrakotta-Schmuck auch am heutigen Schloss noch gut zu sehen sind. Die Schlosskirche von 1560 war der erste protestantische Kirchenbau in Mecklenburg.

In der jetzigen Form wurde das Wahrzeichen der Stadt von 1843 bis 1857 unter Großherzog Friedrich Franz II. neu- und umgebaut. Das Bauwerk auf der Schlossinsel ist das prächtigste der über zweitausend Schlösser in Mecklenburg-Vorpommern und gilt als eines der bedeutendsten Beispiele des Romantischen Historismus in Europa. Es ist über die Schlossbrücke und die Drehbrücke zum Schlossgarten mit der Stadt verbunden. Gegenüber vom Schweriner Schloss liegt das historische, über 120 Jahre alte Mecklenburgische Staatstheater. Das **Museum Schloss Schwerin** präsentiert auf drei Etagen kostbare Gemälde, Skulpturen und Kunsthandwerk sowie Möbel aus Schwerins prächtigsten Epochen. Die Museumsräume strahlen dabei in der Pracht herzoglicher Zeiten.

Der 25 Hektar große **Schlossgarten** gilt als eine der schönsten Barockanlagen Norddeutschlands. Ursprünglich als Lustgarten nach französischem Vorbild angelegt, erfuhr er ab 1748 seine prägende Gestaltung. Nach Entwürfen des Gartenarchitekten Jean Legeay entstand als Kernstück der Kreuzkanal, den Skulpturen aus der Werkstatt des sächsischen Hofbildhauers Balthasar Permoser schmücken. Nach Plänen von Lenné wurde der Schlossgarten um die Mitte des 19. Jahrhunderts erweitert. Dabei blieb die barocke Grundstruktur erhalten, während die angrenzende Umgebung, der Greenhousegarten, Nutzgärten und die Uferzonen landschaftlich nach englischem Vorbild verändert wurden.

Im Schlossgarten steht das Reiterdenkmal Friedrich Franz II., das einzige historische Reiterdenkmal Mecklenburgs. Die 32 Meter hohe Siegessäule erinnert an die Gefallenen des Deutsch-Französischen Krieges 1870/71.

Das repräsentative **Kollegiengebäude**, die heutige Staatskanzlei, befindet sich in der Schlossstraße 2/4 und grenzt an den Alten Garten an. Die klassizistische, dreiflügelige Anlage mit terrassiertem Ehrenhof und Terrasse entstand in den Jahren 1825 bis 1834. Die Fassadengliederung des dreigeschossigen Putzbaus ist an den schinkelschen Stil des Berliner Schauspielhauses angelehnt.

Der großherzogliche **Marstall** wurde in unmittelbarer Nachbarschaft zum herzoglichen Schloss und in Verlängerung der innerstädtischen Straße Großer Moor auf einer Landzunge im Schweriner See errichtet. Der Gebäudekomplex umfasst die ehemalige

Das Staatliche Kunstmuseum Schwerin

Reithalle, den Pferdestall sowie einen Flügel für die Unterbringung von Wagen und Reitgeschirr. Der andere Flügel beherbergte die Unterkünfte der Bediensteten des Marstalls. Zu beiden Seiten des Hauptweges durchschreiten die Besucher den Hof, der ehemals als Exerzierplatz für Reit- und Fahrübungen genutzt wurde.

Im Schlosspark von Schwerin

Gut essen kann man auf der schön gelegenen Terrasse des **Restaurants Friedrichs** (Friedrichstraße 2, Tel. 0385/55 54 73, restaurant-friedrichs.com) am Pfaffenteich. Wenn man Lust auf gutes und bodenständiges Essen in gemütlicher Atmosphäre hat, dann ist das **Kartoffelhaus Schwerin** in der Buschstraße 14 (Tel. 0385/557 10 71, kartoffelhaus-schwerin.de) einen Abstecher wert. Im Gourmet-Restaurant **Weinhaus Uhle** in der Schusterstraße 13 (Tel. 0385/48 93 94 30, weinhaus-uhle.de) wird das Augenmerk mit Vorliebe auf regionale Produkte und höchste Qualität gerichtet.
Der **Schweriner Dom**, ein imposantes Meisterwerk der Backsteingotik, wurde zwischen 1270 und 1426 errichtet. Er ist das älteste Bauwerk der Stadt. Der Dom ist 105 Meter lang, der Innenraum 29 Meter hoch. Für einen Turm reichte es im Mittelalter allerdings nicht. Er wurde erst 700 Jahre später errichtet und 1893 vollendet. Mit 117,5 Metern ist es der höchste Kirchturm in Mecklenburg – genau einen halben Meter höher als St. Petri in Rostock. Der Turm kann über 220 Stufen bestiegen werden.
Im Innern der Kirche imponieren der gotische Kreuzaltar, das Bronzetaufbecken von 1325 sowie das Triumphkreuz von 1420. An der prächtigen Ladegastorgel mit ihren 5100 Zinnpfeifen spielen alljährlich Organisten aus aller Welt. Bemerkenswert sind auch die Grabmäler mehrerer Herzöge von Mecklenburg.
Die evangelische **St. Paulskirche** auf einem Hügel in der Altstadt von Schwerin gilt als Musterbeispiel neugotischer Architektur und einer neugotischen Kirche des 19. Jahrhunderts. Bis in die Details steckt die Kirche voller formaler protestantischer Symbolik und Bezüge zur Heilsgeschichte. Seit ihrer Weihe 1869 hat sie nahezu unverändert alle stürmischen Zeiten überlebt. In filigranem Maßwerk aus Backstein streben Turm und

Erholung und Relax am Schweriner Innensee

Türmchen der Paulskirche in den Himmel. Das **Altstädtische Rathaus** auf dem Markt wurde 1338 erstmals erwähnt und brannte in seiner Geschichte dreimal ab. Vor das ursprüngliche Gebäude wurde 1835 eine neue Fassade im Tudorstil gesetzt. Auf der Mittelzinne ist der Stadtgründer Heinrich der Löwe als goldener Reiter dargestellt. Auf dem Platz steht die Gedenksäule für den Stadtgründer. Die viereinhalb Meter hohe Pyramide erzählt Episoden aus dem Leben Heinrichs. Neben Szenen aus der teils unbarmherzigen Herrschaft des Welfenherzogs, welcher auch Münchens Gründungsvater ist, sorgt vor allem ein Bild für Trubel: die sogenannte Gesäßparade. Nackte Hintern strecken sich dem Betrachter entgegen. Laut Legende sollen die Bardowicker Bürger aus Groll dem durchreisenden Herzog statt der kalten Schulter ihr entblößtes Hinterteil gezeigt haben.

Prächtige Stadtvillen und Bürgerhäuser schmücken die Ufer des **Pfaffenteichs**. Der Name von Schwerins »kleiner Binnenalster« rührt daher, dass am Ostufer des künstlich angelegten Sees einst Pfarrer und Bischöfe der nahe gelegenen Domgemeinde ihre Gärten bestellten.

Folgt man den schmalen Gassen aus Kopfsteinpflaster ins Herz der Schelfstadt, werden mehr und mehr Fachwerkfassaden sichtbar. Schon vor der Stadtgründung Schwerins 1160 sollen Fischer und Händler das heutige Areal besiedelt haben. Planmäßig als Neustadt angelegt wurde die Schelfstadt jedoch erst Anfang des 18. Jahrhunderts von Herzog Friedrich Wilhelm. Kaufleute und Handwerker sollten mit finanzieller Unterstützung angelockt werden. Ziel war die Belebung der Wirtschaft und die politische Selbstständigkeit. 1832 wurde die Schelfstadt mit Schwerin vereint. Heute gilt der Stadtteil als größtes zusammenhängendes Ensemble historischen Baubestands in Schwerin. Die barocke Schelfkirche, das Kulturzentrum Schleswig-Holstein-Haus und die Konzertstätte »Der Speicher« gehören zu den markantesten Punkten.

PRAKTISCHE HINWEISE

TOURISTINFORMATIONEN

Anklam-Information
Markt 3, 17389 Anklam,
Tel. 03971/83 51 54, anklam.de

Greifswald-Information
Rathaus/Markt,
17489 Greifswald,
Tel. 03834/85 36 13 80,
greifswald.info

Hansestadt Stralsund Tourismuszentrale
Alter Markt 9,
18439 Stralsund,
Tel. 03831/25 23 40,
stralsundtourismus.de

Touristinformation Rostock
Universitätsplatz 6,
18055 Rostock,
Tel. 03813/81 22 22,
rostock.de

Touristinformation Wismar
Lübsche Straße 23a,
23966 Wismar,
Tel. 03841/194 33, wismar.de

Touristinformation Schwerin
Am Markt 14,
19055 Schwerin,
Tel. 0385/592 52 12,
schwerin.de

STELL- UND CAMPINGPLÄTZE

S 200 **Wasserwanderrastplatz Anklam** (S. 191 E4)
Am Entensteig 1a, Anklam,
Tel. 01625/20 22 06,
wasserwanderrastplatz-anklam.de
GPS: 53.85615, 13.67732
Der Camping- und Wohnmobilstellplatz Wasserwanderrastplatz Anklam zwischen Kummerower See und der Mündung der Peene in den Peenestrom bietet 20 Stellplätze. Der Platz ist nicht nur für Durchreisende ein idealer Standort, die Peene zu erleben.

Wasserwanderrastplatz Anklam

S 201 **Stellplatz am Museumshafen Greifswald** (S. 185 G6)
Marienstraße 10, Greifswald,
Tel. 03834/51 21 01,
ferien-fasten.de
GPS: 54.10013, 13.38284
Gebührenpflichtiger Stellplatz für 20 Wohnmobile in Greifswald. Der Stellplatz liegt in Flussnähe auf einem überwiegend ebenen Platz. Das Zentrum von Greifswald ist zu Fuß erreichbar. Ganzjährig geöffnet.

S 202 **Stellplatz Dirk Luschnat Stralsund** (S. 185 E4)
Am Feldrain 19a, Stralsund,
Tel. 03831/444 47 26,
caravanplatz-stralsund.de
GPS: 54.30044, 13.02554
Der Stellplatz liegt in direkter Nähe zum Ostseecenter. Hier bieten sich vielfältige Einkaufsmöglichkeiten. Die historische Altstadt von Stralsund ist mit öffentlichen Verkehrsmitteln bequem erreichbar.

S 203 **Stellplatz Stadthafen Rostock** (S. 187 E1)
Am Strande, Rostock,

↑ Stellplatz Stadthafen Rostock
↓ Wohnmobilstellplatz Hangar 19 Schwerin

↑ Wohnmobilpark Westhafen Wismar
↓ Parkplatz in Rostock

rostock.de
GPS: 54.14781, 12.13614
Gebührenpflichtiger Stellplatz für 20 Wohnmobile. Der Platz liegt in Flussnähe auf einem Parkplatz und auf einem für Reisemobile angelegten und ausgewiesenen Areal. Das Stadtzentrum ist zu Fuß erreichbar. Ganzjährig nutzbar.

S 204 Wohnmobilpark Westhafen Wismar
(S. 186 B4)
Schiffbauerdamm 12, Wismar, Tel. 03841/70 60 70,
wohnmobilpark-wismar.de
GPS: 53.89456, 11.45146
Wohnmobilpark in ruhiger, altstadtnaher Lage am Westhafen Wismar, Nähe Alter Hafen mit 85 Parzellen, landschaftlich schön angelegt mit viel Grün. Anreise durchgehend und ganzjährig möglich. Gebühren über Parkscheinautomat.

S 205 Ferienpark Lütt Moor
(S. 186 B3)
Lütt-Moor 1, Wismar,
Tel. 0172/314 85 73,
ferienpark-wismar.de
GPS: 53.92315, 11.48686
Direkt am Ostseeradwanderweg gelegen und in Etagen angelegt, kann der Gast bei seiner Ankunft den Platz aussuchen und die Parzelle seinen Bedürfnissen entsprechend auswählen. Der Ferienpark ist ganzjährig geöffnet, die An- und Abreise 24 Stunden flexibel möglich. Fußläufig ist die Innenstadt in 30 Minuten zu erreichen. Badestrände finden sich in der näheren Umgebung.

S 206 Wohnmobilstellplatz Hangar 19 Schwerin – See-Camper (S. 186 B6)
Bornhövedstraße 95,
Schwerin, Tel.
0385/58 97 98 17,
hangar-19.de
GPS: 53.63776, 11.43305
Der Wohnmobilhafen am Hangar 19 ist zentrumsnah und dennoch ruhig gelegen, mit schönem Blick auf den Schweriner See. Anlagen für die Ver- und Entsorgung der Wohnmobile stehen zur Verfügung.
Mit dem SeeCamper genießt der Gast die Freiheit eines Hausbootes mit dem Komfort seines Wohnmobiles.

Windmühle in Ahrenshoop auf der Halbinsel Fischland-Darß-Zingst

3

OSTSEE- UND BODDENKÜSTE

Entlang der Boddenküste auf die Halbinsel Darß-Zingst

Die einmalige Boddenküste ist ein flachgründiger Teil der Ostsee, der durch größere Landzungen vom offenen Meer getrennt wird. Die 45 Kilometer lange Halbinsel Fischland-Darß-Zingst trennt die Darß-Zingster Boddenkette von der offenen Ostsee. Den südwestlichen Abschnitt der atemberaubenden Halbinsel bildet das Fischland, es folgt der Darß, an den sich nach Osten die Halbinsel Zingst anschließt.

Nach einer ausgiebigen Erkundung der sehenswerten Hansestadt Stralsund (siehe Route 2/Städtetour – Hansezeit und Backsteingotik) geht es in die knapp sechs Kilometer nordwestlich von Stralsund gelegene Gemeinde Prohn im Landkreis Vorpommern-Rügen. Die Bucht Prohner Wiek im nördlichen Hinterland trennt das Gebiet von den Inseln Rügen und Hiddensee.

Eingang zur Dorfkirche von Prohn

REIZVOLLES PROHN

Nach **Prohn** kommen wir über die Stralsunder Straße. Die aus Backstein errichtete gotische Dorfkirche Prohn ist ein Blickfang. Parken kann man direkt vor dem Eingang an der Kreuzung Damitzer Weg.
Erstmals wurde Prohn in einer Urkunde aus dem Jahr 1240 erwähnt: Der slawische Fürst von Rügen verlieh darin die Stadtrechte an Stralsund. In der Folgezeit war Prohn zeitweise Sitz einer fürstlichen Vogtei und auch Sitz des Fürstentums Rügen. In seiner Geschichte war Prohn immer eng mit der Landwirtschaft, dem Handwerk, aber auch mit der Fischerei und der Seefahrt verbunden. Hinzu kommt heute der Tourismus. Aufgrund der günstigen Lage nahe der Hansestadt Stralsund und der landschaftlich reizvollen Umgebung in der Nähe des Nationalparks Vorpommersche Boddenlandschaft hat sich die Einwohnerzahl der Gemeinde seit 1990 verdoppelt.
Prohn hat sich durch ein gut ausgebautes **Radwegenetz** zu einem beliebten Ziel für Radfahrer und Naturfreunde entwickelt. Eine besondere Attraktion stellen die Vogelzüge im Frühjahr und Herbst dar, wenn über viele Wochen die Kraniche und andere Durchzügler auf den Wiesen und Feldern rund um Prohn und auf dem Prohner See rasten.
Sehenswert ist die **Dorfkirche** von Prohn: Der spätromanische Chor und die Sakristei wurden in der zweiten Hälfte des 13. Jahrhunderts aus Backstein auf einem Hügel errichtet, auf dem sich zuvor das Schloss des slawischen Fürstenhauses befand. Anfang des 14. Jahrhunderts wurde das spätgotische Kirchenschiff angefügt. Der jetzige neugoti-

ROUTE 3

STARTPUNKT
Anklam

ENDPUNKT
Schwerin

STRECKEN
Landstraßen und Autobahn

STRECKENLÄNGE
ca. 270 km

FAHRZEIT
10 bis 14 Tage

BESTE JAHRESZEIT
ganzjährig

Start
Stralsund
9,5 km
Prohn
Backsteinkirche
4,5 km
Klausdorf

sche Turm stammt aus der Mitte des 19. Jahrhunderts.

ERHOLUNGSORT KLAUSDORF

Knappe zehn Kilometer von Prohn entfernt liegt **Klausdorf**, die nördlichste Gemeinde auf dem Festland von Mecklenburg-Vorpommern und zugleich die kleinste im Amtsbereich Altenpleen. Die Prohner Straße führt in einer Linkskurve am Vorpommernhus vorbei, gleich dahinter gibt es links und rechts der Straße Parkplätze.

Auf knappen 12 Quadratkilometern Fläche leben an die 700 Einwohner. Zur Gemeinde gehören das ehemalige Fischerdorf **Solkendorf** und der idyllisch gelegene Ort Barhöft mit seinen Waldhügeln und dem Seglerhafen für Wassersportler sowie die Wüstung Zarrenzin. In direkter Nachbarschaft von Klausdorf liegen die Inseln Rügen und Hiddensee sowie die Halbinsel Fischland-Darß-Zingst mit ihren langen weißen Sandstränden und

KULTUR

VORPOMMERNHUS

Anziehungspunkt für Einheimische und Gäste ist das Vorpommernhus. Hier erhält der Besucher Informationen rund um die Gemeinde sowie über die regionalen und überregionalen Freizeitangebote. In einer kleinen Galerie stellen Künstler aus der näheren Umgebung ihre Exponate aus. Klausdorf macht auch durch seine kulturelle Vielfalt von sich reden: mit beliebten Kabarett- und Musikveranstaltungen im Vorpommernhus sowie mit Kliffkunst- und Nationalparkausstellungen in Barhöft.

↑ Das Vorpommernhus in Klausdorf
↗ Radwege im Barhöfter Kliff

der weitestgehend unberührten Natur. Die Gemeinde grenzt unmittelbar an den Nationalpark Vorpommersche Boddenlandschaft und ist bei Naturfreunden, Landschafts- und Tierfotografen besonders beliebt.
Der **Klausdorfer Strand** zieht im Sommer viele Badelustige an. Hier lässt es sich wunderbar wandern. Besonders am frühen Morgen lockt die Ostküste mit ihrer Stille und dem einmaligen Blick auf den Sonnenaufgang.

NATURERLEBNIS BARHÖFT

Die Klausdorfer Straße führt durch ein Waldstück direkt an den **Barhöfter Hafen**. Am Ortseingang gibt es rechts einen gebührenpflichtigen Parkplatz. Der Caravanstellplatz Barhöft liegt gleich gegenüber etwas oberhalb der Straße.
Die Landschaft präsentiert sich hier je nach Jahreszeit in einem besonderen Kleid: etwa mit leuchtend gelben Rapsfeldern und blühenden Kastanienalleen im späten Frühjahr. Am Hafen kann man einfach gemütlich ein Eis essen oder gleich mit dem Boot oder mit dem Kajak ausfahren. Hiddensee mit seinem wunderschönen und kilometerlangen Strand etwa liegt in greifbarer Nähe. Die nahen Boddengewässer sind bekannt für ihren Fischreichtum, ein Paradies für Angler. Zwischen März und Mai zieht der Hering in großen Schwärmen in die Boddengewässer zum Laichen.
Wer den 17 Meter hohen Aussichtsturm auf dem Barhöfter Kliff besteigt, wird mit einem atemberaubenden Blick auf die umliegende Landschaft belohnt: Im Norden grüßt der Hiddenseer Leuchtturm, im Osten liegt Rügen und im Westen erkennt man die Hohe Düne bei Pramort.
Der **Nationalpark Vorpommersche Boddenlandschaft** ist mit einer Fläche von 786 Quadratkilometern der größte Nationalpark des Bundeslandes Mecklenburg-Vorpommern und der drittgrößte in Deutschland. Er erstreckt sich über den westlichen Teil der vorpommerschen Ostseeküste und umfasst sowohl innere als auch äußere Küstengewässer. Die Ost-West-Ausdehnung der Inselkette in der Ostsee, vom Darß bis zur Halbinsel Bug auf Rügen, beträgt etwa 60 Kilometer. Ostsee und Boddengewässer, die Lagunen

Klausdorf
Vorpommernhus
3,5 km
Barhöft
Barhöfter Hafen
Barhöfter Kliff
Nationalpark Vorpommersche Boddenlandschaft
34 km
Barth

Am Hafen von Barhöft starten die Boddenrundfahrten.

der Ostsee, machen über 80 Prozent des Nationalparks aus.
Die neue Ausstellung des Nationalparks Vorpommersche Boddenlandschaft befindet sich gleich neben dem weithin sichtbaren Aussichtsturm. Die Ausstellung im Haus am Kliff bietet einen Rundumblick. Der Pluster verrät in der Ausstellung seinen Freunden Lup, Lars und dem Leuchtturm, welche Geheimnisse sich in Windwatt, Schilf, Ostsee, Bodden und am Barhöfter Kliff entdecken lassen. Auch seine Vogelfreunde hat er eingeladen. Die kurzweilige Tour durch den Nationalpark macht nicht nur Kinder zu Wildnis-Experten. Auch Erwachsene bekommen mit Fotos, Zeichnungen und etwas »Nationalpark zum Anfassen« Lust darauf, das Schutzgebiet zu entdecken.
Für kleine Besorgungen liegt der **Kiosk Proviantkiste** direkt vor Ort. Hier gibt es täglich von 7–18 Uhr Fischbrötchen, frischen Kuchen, Anglerkarten, einen Fahrradverleih und vieles mehr (sprenger-barhoeft-maritim.de/imbiss-proviantkiste).

AUSFLUG

BODDENRUNDFAHRT MIT DER MS CASPAR

Die eineinhalb- bis zweistündige Fahrt führt von Barhöft aus entlang der Insel Bock bis hin zum Pramort, dem Übernachtungsplatz der Kraniche im Herbst. Danach führt der Weg in Richtung Sandbank Gellensand, bekannt für seine Seeadler. Im Anschluss passiert man den Gellen, die Südspitze von Hiddensee und läuft in die Ostsee ein. Die Fahrten finden in der Zeit vom 1. Juni bis 31. August statt (Informationen in der Proviantkiste).

HAFENSTADT BARTH

Der staatlich anerkannte Erholungsort **Barth** liegt am südlichen Ufer des Barther Boddens und östlich des Flusses Barthe. Kurz bevor man in die Altstadt kommt, biegt man am

Kreisverkehr rechts in die Straße Reifergang ab. Der gebührenpflichtige Parkplatz befindet sich auf der Höhe der Katholischen Kirche »Sankt Maria – Trösterin der Betrübten«. Von hier aus geht es zu Fuß in die Stadt. Wer einige Tage hierbleiben möchte, fährt Richtung Hafen. Dort gibt es gleich mehrere schöne Stellplätze direkt am Wasser.

Den neu gestalteten **Marktplatz** im Zentrum der Stadt schmückt seit 1958 der vom Künstler Wilhelm Löber entworfene Fischbrunnen. Der Brunnen zeigt drei springende Fische auf einer Wassersäule. Das Motiv erinnert an das Barther Wappen, auf welchem sich drei Fische befinden. Die sozialistisch geprägten Parolen an der achteckigen Klinkermauer des Brunnens waren im Entwurf des Künstlers allerdings nicht vorgesehen.

Unter den historischen Bürgerhäusern in der Altstadt sticht besonders der barocke Gebäudekomplex des Adligen Fräuleinstiftes, auch Kloster genannt, hervor. Er befindet sich am Ostrand der Altstadt an der Stelle des 1727 abgebrochenen Schlosses. Das Kloster wurde 1733 von der schwedischen Königin Ulrike Eleonore gegründet.

Zu den beeindruckendsten Sehenswürdigkeiten der Stadt zählt die **Sankt-Marien-Kirche**, ein beachtliches Gebäude der Backsteingotik aus dem 13. Jahrhundert. Erstmals erwähnt wurde die Kirche, die in drei Bauphasen entstanden ist, im Jahr 1325. Der älteste Teil, der rechteckige Chor im Osten, ist frühgotisch. Es folgte das Langhaus und in der dritten Bauphase um 1450 die Fertigstellung des 80 Meter hohen Turms. Das Innere wurde mehrfach verändert, das letzte Mal 1856 im Stil der Neugotik. Die vom Berliner Orgelbauer Buchholz geschaffene Orgel gehört zu den besonders wertvollen historischen Orgeldenkmäler Deutschlands und bezaubert durch ihre einmalige Klangschönheit. Das Instrument ist mit 42 originalen Registern das größte in Deutschland erhaltene Werk der Orgelbauer. Beim Aufstieg auf den Turm über 180 Stufen kann man das Kirchengewölbe von oben betrachten, einen Blick auf den beeindruckenden Dachstuhl werfen und die Glocken bestaunen. Auf 55 Meter Höhe befindet sich eine Plattform, von der aus Fensteröffnungen zu allen Seiten eine fantastische Aussicht über Barth, auf den Bodden und die Halbinsel Fischland-Darß-Zingst bieten.

Das Dammtor in Barth

Barth
Backsteinkirche St. Marien
Adliges Fräuleinstift
Dammtor
Vineta-Bürgerhaus
Stadthafen Barth
Windjammer-Museum
15 km
Zingst

Eine wohltuende Pause zwischendurch empfiehlt sich in der **Galerie Café Barth** direkt am Markt (Arbshagen 8, Barth, Tel. 038231/49 90 57, galerie-café-barth.de). Café, Galerie und Kunsthandwerk prä-

Einladend schöne Atmosphäre am Marktplatz von Barth

sentieren sich in einladend schöner Atmosphäre. In der **Stadtbäckerei Kuehl** (Barther Markt 8/9, Barth, Tel. 038231/667 54, stadtbaeckerei-kuehl.de) gibt es Brot, Brötchen, Torten und Kuchen, Snacks und Kaffee.

Die Stadt Barth konnte man einst über vier Tore erreichen, von denen nur das **Dammtor** heute noch als Wahrzeichen weithin sichtbar ist. Es wurde Mitte des 14. Jahrhunderts erbaut, ist 35 Meter hoch und hat eine 4 Meter breite Durchfahrt. Das Dammtor war als Doppeltor angelegt und steht auf dem ehemaligen Schutzdamm vor dem Bodden. 2008 wurde das Tor aufwendig saniert und erstrahlt seitdem in neuem Glanz.

Der **Stadthafen Barth** ist der größte Hafen in den Boddengewässern zwischen Barhöft und Ribnitz-Damgarten und hat sich nach 1990 zu einem Zentrum für den maritimen Tourismus in der Region entwickelt. Aktiv werden kann man in Barth beim Angeln, Baden am Boddenstrand, beim Windsurfen und Segeln auf dem Bodden, Radfahren und Wandern entlang der Ostsee- und Boddenküste oder durch weite Felder und urwüchsige Wälder im Umland der Stadt, dem Barther Land.

Das **Windjammer-Museum** an der Hafenstraße 22 zeigt eine einzigartige Ausstellung

KULTUR

VINETA-BÜRGERHAUS

Mitten im Herzen von Barth steht das Vineta-Bürgerhaus, das Haus für Tourismus, Gäste und Bürger. Das ehemalige Kaufmannshaus aus dem 18. Jahrhundert diente von 1870 bis 1946 als städtisches Rathaus. Das Vineta-Museum zeigt auf drei Etagen neben der Barther Stadtgeschichte ständig wechselnde Sonderausstellungen. Im Obergeschoss befindet sich eine Abteilung, die dem »Mythos Vineta« nachspürt. Der Besucher geht im Raum U 98, der einem Unterseeboot nachempfunden ist, auf eine Entdeckungsreise, die an die Abenteuer des Kapitän Nemo und dessen Nautilus erinnert. Die Vineta-Erlebniswelt entführt vor allem junge Gäste in eine Spielwelt rund um die versunkene Stadt.

maritimer Kunstobjekte. Die umfangreiche Sammlung besteht aus Kapitänsbildern und Schiffsdioramen sowie Schiffsporträts und Modellen, die im Auftrag von Kapitänen entstanden sind oder von Seeleuten gefertigt wurden, die einst auf diesen Schiffen fuhren. Mehr als 400 Objekte laden dazu ein, in die große Zeit der Segelschifffahrt einzutauchen, und lassen bei einem Besuch die Geschichte wieder lebendig werden (Windjammer-Museum, Hafenstraße 22, Barth, Tel. 0038231/40 01 40).

OSTSEEHEILBAD ZINGST

In Zingst fährt man am besten am Ortseingang auf den strandnahen Reisemobilhafen am Freesenbruch. Von dort aus geht es dann über den Radweg in die Stadt oder an den Strand.
Das ehemalige Seefahrerdorf hat sich zu einem Ostseeheilbad mit modernem Charme entwickelt. Umgeben von Ostsee, Bodden und den Wäldern des Nationalparks Vorpommersche Boddenlandschaft, wartet Zingst mit einem breiten kulinarischen und kulturellen Angebot auf und bietet viel Raum für die individuelle Urlaubsgestaltung. Die zum großen Teil naturbelassenen und kaum berührten, 15 Kilometer langen Strände der Halbinsel Fischland-Darß-Zingst bieten die perfekte Möglichkeit, sich zu erholen. Der Nordstrand der Halbinsel gehört zu den eindrucksvollsten Naturstränden in Deutschland. Baden ohne Bekleidung ist an den mit FKK gekennzeichneten Strandabschnitten erlaubt.
Zingst entstand erst in der ersten Hälfte des 19. Jahrhunderts. Die **Zingster Peter-Pauls-Kirche** wurde auf Beschluss der preußisch-königlichen Regierung in zweijähriger Bauzeit errichtet und im Herbst 1862 geweiht. Der Architekt des schlichten turmlosen Bauwerkes im neugotischen Stil war der damalige Hofbaumeister Friedrich August Stüler, ein Schüler Schinkels. Von zeitgeschichtlicher Bedeutung ist das Wirken von Dietrich Bonhoeffer im Jahr 1935 auf dem Zingsthof und dessen Predigt von der Kanzel der Kirche im selben Jahr.
Der **Zingster Hafen** am Bodden bietet mit Kultur, Natur und Gastronomie, mit Sport

Zingst
Hafen und Seebrücke
Ort der Fotografie
Peter-Pauls-Kirche
Darßwald
Experimentarium
Höhe Düne von Pramort
9,5 km
Prerow

↓ Die Zingster Seebrücke mit Tauchgondel
↘ Café Restaurant »Scheune«

↑ Zingst, ein Mekka für international bekannte Fotografinnen und Fotografen
↓ Blick von der Seebrücke auf das Kurhaus von Zingst

und Action eine große Vielfalt. Am Hafen kann man sich kleine Motorboote und Ruderboote ausleihen sowie den Bootsführerschein ablegen. Es gibt Schiffsverbindungen nach Barth, Stralsund und Hiddensee.
Beliebter Anziehungspunkt für die Gäste ist die 270 Meter lange und 2,50 Meter breite **Seebrücke**. Hier kann man die wohltuende Ostseeluft am besten genießen und das Meer von oben auf sich wirken lassen. Am Ende der Seebrücke kann man mit der Tauchgondel die Unterwasserwelt erleben. Die Gondel bietet bis zu 30 Personen ausreichend Platz, um einen einmaligen Tauchgang in der Ostsee zu erleben. Direkt neben der Seebrücke befindet sich hinter den Dünen das Zingster Kurhaus mit der Touristinformation, mehreren Veranstaltungsräumen, dem Trauzimmer mit Meerblick und dem Kurhausrestaurant.
Über eine Fußgängerzone und Flaniermeile mit Geschäften, Restaurants und Cafés verbindet sich der Zingster Boddenhafen mit der Seebrücke am Zingster Kurhaus. Vom Hafen aus ist der feine weiße Ostseestrand in wenigen Minuten zu Fuß zu erreichen. Kulturelle Veranstaltungen wie das Hafenfest mit Netz- und Zeesbootregatta im Juni oder Hafenkonzerte sorgen für Unterhaltung.
In der **Zuckerhut-Cocktail-Bar** am Strand neben der Seebrücke gibt es leckeres Eis, Kaffeespezialitäten und Kuchen. Abends kann man bei einem Cocktail und chilliger Musik die Sonnenuntergänge an der Ostsee bestaunen (Seestraße 57, Zingst, Tel. 0172383/91 11, zuckerhutzingst.de). Die **Joho-Broiler-Bar** lädt mit einem Logenplatz direkt am Strand ein – und mit Produkten, die ausschließlich aus heimischen Gewässern und Betrieben kommen (Strandstraße 62, Zingst, Tel. 038233/702827, joho-broiler.de/zingst).
Neben dem Heimatmuseum Zingst befindet sich die liebevoll eingerichtete **Pommernstube Kreativwerkstatt**, die gleichzeitig Verkaufsladen für besondere und interessante Urlaubssouvenirs ist. (Strandstraße 3, Zingst, Tel. 038232/260685)
Zingst ist zu einem Mekka für international bekannte Fotografinnen und Fotografen geworden. Sie zeigen ihre Bilder, sprechen über ihre Projekte in Multivisionsshows, Vernissagen und Fototalks. Die Fotoschule Zingst bietet ganzjährig und auf den jeweiligen Kenntnisstand zugeschnittene Fotoworkshops an – für den Einsteiger, genauso wie für den Amateur oder den Professional. Mit dem **Max Hünten Haus** wurde in Zingst sogar ein Haus der Fotografie erschaffen. Hier gibt es alles rund um Kameras, Objektive und Zubehör führender Kameramarken. Das Umweltfotofestival »horizonte zingst« steht seit jeher dafür, die Besucher auf eine spannende Reise in unbekannte Regionen und zu facettenreichen Themen mitzunehmen. Ungefähr die Hälfte der Landfläche des **Natio-**

SPECIAL

EXPERIMENTARIUM

Wissenschaft zum Anfassen: Im Zingster Experimentarium können alle Neugierigen ausgewählte Gesetzmäßigkeiten aus Physik und Mathematik auf spielerische, amüsante Art erleben. Die wunderlichsten Dinge ausprobieren, sich bei Knobeleien herrlich den Kopf zerbrechen und sich inspirieren lassen – all das ist im Experimentarium möglich.
Auf der Experimentarium-Showbühne kann nicht nur Theater erlebt, sondern auch gespielt werden. Bei der Wissensshow Helleum können sich die Teilnehmer miteinander messen und beim Mitmach-Zirkus darf jeder Zirkusluft schnuppern (Seestraße 76, Zingst, Tel. 038232/17 21 23).

Der originalgetreue Mississippi-Dampfer »Baltic Star« im Hafen von Prerow

nalparks Vorpommersche Boddenlandschaft ist mit Wald bedeckt. Dieser wächst hier zum Teil direkt hinter dem Strand. Der Darßwald ist einer der ältesten Wälder an der deutschen Küste. Er bedeckt eine Fläche von rund 5000 Hektar und begeistert vor allem durch seine Wildheit. Hier können See- und Watvögel ungestört brüten und die Natur darf Natur sein.

Mit mehr als 13 Metern Höhe ist die **Hohe Düne von Pramort** eine der höchsten Weißdünenlandschaften und das größte unbewaldete Dünenfeld an der deutschen Ostseeküste. Hier befindet sich einer der bedeutendsten Zugrastplätze der Grauen Kraniche, die vor allem zwischen September und Oktober gut beobachtet werden können. Das Gebiet ist Naturschutzgebiet, daher darf man weder an den Strand noch den Pfad verlassen.

AUSFLUG

MIT DEM MISSISSIPPI-DAMPFER AUF BODDENRUNDFAHRT

Der originalgetreue Mississippi-Dampfer »Baltic Star« lädt auf eine Zeitreise mitten in das 19. Jahrhundert ein. Vor der traumhaften Naturkulisse des Prerow-Stroms geht die Rundfahrt in den Bodstedter Bodden und wieder retour in den Hafen des Ostseebades Prerow. Im Salon kann man sich mit Getränken und mit frisch an Bord geräuchertem Fisch stärken oder an Deck einfach die Seele baumeln lassen (Reederei Poschke, Tel. 038234/239, reederei-poschke.de)

Das reetgedeckte Hotel
Haferland in Wieck am Darß

OSTSEEBAD PREROW

Am Prerower Hafen gibt es links und rechts der Landesstraße L21 gebührenpflichtige Parkplätze. Vom Hafen aus kann man mit dem historischen Dampfer »Baltic Star« Bootstouren unternehmen.
Zu den ältesten Gebäuden in Prerow zählen die Seemannskirche, das Pfarrwitwenhaus sowie das Eschenhaus. Alle Häuser hier sind mit Schilfrohr, dem Reet, gedeckt, einem praktischen Naturbaustoff direkt vom Bodden. Eine schöne baukulturelle Eigenart sind die bunten und mit geschnitzten Symbolen verzierten Holztüren. Besonders reichverzierte Türen zeugten von einer erfolgreichen Seefahrerfamilie.
Der **Leuchtturm am Darßer Ort** erzählt über 160 Jahre Seefahrtsgeschichte und ist immer noch aktiv. 134 Stufen führen hoch zu einer wunderbaren Aussichtsplattform aufs offene Meer. Die Seemannskirche von Prerow aus dem Jahr 1728 ist das älteste Gotteshaus auf dem Darß.

Prerow
Reethäuser
Seemannskirche
Seebrücke
Mississippi-Dampfer
18 km
Ahrenshoop

Bootshäuser auf Darß

Fischkaten in Ahrenshoop

Die 394 Meter lange **Seebrücke** in Prerow stammt aus dem Jahr 1993. Sie bietet einen wunderbaren Blick über die idyllische Küstenlinie und ist ein beliebter Ort für Angler. Der kilometerlange und bis zu 100 Meter breite Nordstrand punktet mit Karibikfeeling, mit schneeweißem Sand und klarem, flachen Meer. Der Weststrand hingegen ist rau, wild und mitreißend. Die über 100 Jahre alte Strandpromenade mit kleinen reetgedeckten Lädchen und Cafés lädt zum Bummeln ein.

BADE- UND KÜNSTLERORT AHRENSHOOP

Ahrenshoop liegt auf der schmalen Landzunge der Halbinsel Fischland-Darß-Zingst zwischen Ostsee und Saaler Bodden. Einen zentral gelegenen, gebührenpflichtigen Parkparkplatz gibt es auf der rechten Seite der Landesstraße L21, die durch den Ort führt. Er befindet sich links neben Fischkaten im Ortskern von Ahrenshoop. Hier vereinen sich die atemberaubende Natur zwischen Ostsee und Bodden sowie eine traditionsreiche Vergangenheit als Fischerdorf und Künstlerkolonie mit dem Komfort eines modernen Urlaubsortes.
Das 1894 als Malschule errichtete Künstlerhaus Lukas repräsentiert den Anfang der Malerkolonie. Was mit den Landschaftsmalern des 19. Jahrhunderts begann, setzen heute verschiedene Kunsthäuser und Galerien fort und machen Ahrenshoop zu einem lebendigen Ort der Kunst. Das 2013 eröffnete **Kunstmuseum** am Weg zum Hohen Ufer 36 ist das größte unter den Ahrenshooper Kunsthäusern und besticht nicht nur durch seine besondere Architektur: Es versteht sich als Forschungs-, Ausstellungs- und Begegnungsstätte zur kunstgeschichtlichen Entwicklung – von der Gründerzeit der Künstlerkolonie bis zur Gegenwart des Künstlerortes. Seine Sammlung wird in jährlich wechselnden Präsentationen gezeigt und umfasst Kunst des späten 19. und 20. Jahrhunderts an der Ostsee.
Der **Kunstkaten**, 1909 eröffnet und ein typisches Ahrenshooper Rohrdachhaus, ist das traditionsreichste Ausstellungshaus im Ort. Heute finden die Arbeiten aus der über 120-jährigen Geschichte der Malerkolonie ebenso Beachtung wie zeitgenössische Werke. Das **Künstlerhaus Lukas** ist ein Ort künstlerischen Arbeitens und internationaler Begegnungen. Das **Neue Kunsthaus** widmet sich in Einzelausstellungen oder thematischen Gruppenausstellungen der Vermittlung gegenwärtiger Kunst in einem nationalen und internationalen Kontext. Die im Juni 1922 von Martha Wegscheider und dem Maler Hans Brass in der Dorfstraße 24 gegründete **Bunte Stube** ist auch heute noch ein kultureller Treffpunkt für Künstler und Kunstinteressente. Literaturliebhaber

können im Haus aus einem gut sortierten Bestand, insbesondere aus dem Genre Regionalliteratur, wählen.
Neben diesen Häusern präsentieren private Galerien ganzjährig zahlreiche Ausstellungen. Die Bandbreite reicht dabei von Malerei und Plastik über Fotografie bis zu Fischland-Keramik und traditioneller Handwerkskunst aus über 15 Ländern. Die Vielfalt des künstlerischen Lebens in Ahrenshoop spiegelt sich auch in den kulturellen Veranstaltungen wider. Neben der Präsentation von bildender Kunst gibt es Konzerte mit klassischer und Jazz-Musik sowie Literatur, Tanz und Performance bis hin zu Filmkunst am Meer.
Wer sich auf die Spuren der Künstlerkolonie begeben möchte, bekommt in der Kurverwaltung eine Broschüre, die zu den Häusern der bekannten Maler, Grafiker und Bildhauer führt, die hier einst arbeiteten.
Nach ausgiebigem Kulturgenuss und ausgedehnten Wanderungen an der frischen Ostseeluft warten die Cafés und Restaurants des Ortes mit kleinen und großen Gaumenfreuden. Im **Fischkaten** im Ortszentrum gibt es neben kleinen Gerichten täglich eine breite Auswahl an Frischfisch sowie geräucherte Fischware (Grenzweg 17A, Ahrenshoop, Tel. 038220/662 78, raeucherhaus.com). In der wieder aufgebauten, beeindruckenden **Windmühle Ahrenshoop** werden ausschließlich frische saisonale und regionale Produkte serviert (Feldweg 7, Ahrenshoop, Tel. 038220/66 83 43)
Nordwestlich von Ahrenshoop erstreckt sich bis zum nördlichsten Punkt der Halbinsel Fischland-Darß-Zingst, dem Darßer Ort, der sogenannte **Weststrand**. Der feinsandige, an den Darßwald grenzende Strand bietet auf etwa 14 Kilometern Länge eine reizvolle Verbindung von maritim geprägter Atmosphäre

Ahrenshoop
Kunstmuseum
Künstlerhaus Lukas
Kunstkaten
Darßer Weststrand
Hohes Ufer
25 km
Graal-Müritz

Dünenlandschaft Deich am Weststrand von Ahrenshoop

Nordwestlich von Ahrenshoop erstreckt sich der feinsandige Weststrand.

AUSFLUG

HOHES UFER

Vom Ahrenshooper Grenzweg bis zur Wustrower Seebrücke erstreckt sich über 3,2 Kilometer das Hohe Ufer. Das Steilufer ist durch das skandinavische Eis vor mehr als 10 000 Jahren entstanden und wurde durch die Meeresbrandung geformt. Diese sorgt auch weiterhin für eine stetige Veränderung des sogenannten aktiven Kliffs. Bis zu fünf Meter kann der jährliche Küstenabbruch betragen. Das Hochufer lädt zum Wandern und Radfahren ein. Bei klarem Wetter kann man von hier aus sogar das dänische Festland sehen. Der schmale Fußweg direkt an der Steilküste ist sehr abwechslungsreich, wegen Abbruchgefahr aber abschnittsweise gesperrt.

mit urwüchsiger Natürlichkeit. Der gesamte Strandbereich ist auch als FKK-Strand zugelassen. Hunde können hier ganzjährig ohne Einschränkung herumlaufen.

SEEHEILBAD GRAAL-MÜRITZ

Graal-Müritz, das Tor zur Halbinsel Fischland-Darß-Zingst, ist eines der schönsten Seeheilbäder Mecklenburg-Vorpommerns. Die 4000 Einwohner zählende Gemeinde erstreckt sich über fünf Kilometer am Ostseestrand und ist von der Rostocker Heide umgeben. Im Ortskern auf der Lange Straße auf der Höhe der Bäckerei Hillebrand gibt es überall Parkmöglichkeiten. Einen gebührenpflichtigen Parkplatz gibt es am Ortsausgang Ecke Rostocker Straße/Alexandrastraße. Liebevoll restaurierte Fischerkaten und schilfgedeckte historische Büdner-Häuser schmücken das ehemalige Fischerdorf.
Das **Heimatmuseum** im ehemaligen Warm-

bad gibt mit Exponaten, Bildern und Tafeln einen Überblick über die Geschichte von Graal-Müritz von seinen Anfängen bis zur jüngsten Vergangenheit. Das Themenspektrum ist vielfältig und berührt alle Belange, die das historische und aktuelle Ortsgeschehen wesentlich prägen. Geräte und Produktionsmittel der Einwohner geben einen besonderen Einblick in das Arbeitsleben der Graal-Müritzer.
Besondere Aufmerksamkeit wird der Künstleroase Graal-Müritz geschenkt (Heimatmuseum, Parkstraße 21, Graal-Müritz, Tel. 038206/745 56).
Seit 1993 gibt es auch in Graal-Müritz eine **Seebrücke**. Sie ist 350 Meter lang und Anziehungspunkt für jeden Besucher. Zur Erinnerung an den Einweihungstag feiert die Gemeinde jährlich im Juli ein Seebrückenfest mit Feuerwerk. Direkt in Graal-Müritz befindet sich der 4,5 Hektar große **Rhododendronpark** mit über 2000 Azaleen- und Rhododendronstauden. Er ist einzigartig in Mecklenburg und einer der größten in Deutschland.
Zum Abschluss der Tour entlang der Boddenküste geht es in die sehenswerte Hanse- und Universitätsstadt **Rostock**, für die man genügend Zeit zur ausgiebigen Besichtigung einplanen sollte (siehe Route 2/Städtetour – Hansezeit und Backsteingotik).

Graal-Müritz
Heimatmuseum
Seebrücke
Rhododendronpark
Kurwald
27 km
Rostock

AUSFLUG

KURWALD GRAAL-MÜRITZ

Seit über 200 Jahren ist Graal-Müritz auch traditionsreicher Kurort. Ein Grund dafür ist das einzigartige Klima aus salziger Seebrise und sauerstoffreicher Waldluft. Eine besondere Rolle spielt dabei der Küstenwald, der den Küstenort umschließt. Der 13 Hektar große Kurwald wartet mit spannenden Highlights auf: Im Klangwald kann man natürlichen Instrumenten sanfte Töne entlocken. Im Aktivwald gibt es Trimmdich-Geräte und einen Barfußpfad. Im Entspannungswald stehen Outdoor-Liegen für die Gäste bereit. Hier kann man, den Blick in die Wipfel gerichtet, die Seele einfach baumeln lassen: Waldbaden nennt sich dieses Erlebnis.

↑ Reethaus und …
↓ … Bäckerei/Konditorei in Graal-Müritz

PRAKTISCHE HINWEISE

TOURISTINFORMATIONEN

Tourismusverband Vorpommern e.V.
Fischstraße 11,
17489 Hansestadt Greifswald,
Tel. 03834/891189,
vorpommern.de

Gemeinde Prohn
Stralsunder Straße 32,
18445 Prohn,
Tel. 038323/221, prohn.de

Gemeinde Klausdorf – Freizeitinformation
Prohner Straße 20,
18445 Klausdorf,
klausdorf-vorpommern.de

Hafen Barhöft
Am Hafen 13, 18445 Barhöft,
Tel. 03832/3531,
hafen-barhoeft.de

Nationalparkamt Vorpommersche Boddenlandschaft
Im Forst 5, 18375 Born,
Tel. 03823/45020,
nationalpark-vorpommersche-boddenlandschaft.de

Steuerhaus Servicepunkt Barth
Hafenstraße 10, 18356 Barth,
Tel. 038231/66965,
stadt-barth.de

Touristinformation Zingst
Seestraße 56–57,
18374 Zingst,
Tel. 038232/81580,
fischland-darss-zingst.de

Kur- und Tourismusbetrieb Prerow
Gemeindeplatz 1,
18375 Ostseebad Prerow,
Tel. 038233/6100,
ostseebad-prerow.de

Kurverwaltung Ahrenshoop
Kirchnersgang 2,
18347 Ostseebad Ahrenshoop, Tel. 038220/666610,
ostseebad-ahrenshoop.de

Kurverwaltung Graal-Müritz
Rostocker Straße 3,
18181 Graal-Müritz,
Tel. 038206/7030,
graal-mueritz.de

CAMPING- UND STELLPLÄTZE

S 300 **Wohnmobilstellplatz Barhöft** (S. 185 E3)
Mittelweg 2,
18445 Klausdorf,
Tel. 038323/531,
hafen-barhoeft.de
GPS: 54.43228, 13.02742
Der kleine Caravanstellplatz mit maximal 24 Standplätzen, die fünf mal zehn Meter groß sind, ist der sensiblen Lage im Nationalpark angepasst. Hafen und Strand sind 350 Me-

↓ Wohnmobilstellplatz Barhöft ↘ Wohnmobilstellplatz Am Westhafen

↑ und ↘ Reisemobilhafen am Campingplatz Am Freesenbruch in Zingst

ter entfernt. Der Stellplatz ist von drei Seiten mit Wald umgeben. Alle Standplätze sind mit Strom und Wasser versorgt.

S 301 **Wohnmobilstellplatz Am Westhafen** (S. 184 C4)
Am Westhafen 15, Barth,
Tel. 038231/820 21,
barther-seglerverein.de
GPS: 54.38277, 12.72425
Gebührenpflichtiger Stellplatz für 30 Wohnmobile auf Untergrund mit Wiese und mit beleuchtetem Platz mit Frischwasser, Strom, Entsorgung Grauwasser, Entsorgung Chemie-WC, Dusche, Brötchenservice ... Die Saison geht von Anfang Mai bis Ende September.

S 302 **Reisemobilhafen am Campingplatz Am Freesenbruch** (S. 184 C3)
Am Bahndamm 1,
18374 Ostseeheilbad Zingst,

Tel. 038232/157 86,
camping-zingst.de
GPS: 54.440610, 12.660536
Der gut ausgestattete, in drei Reihen gegliederte Reisemobilhafen liegt direkt neben dem Campingplatz. Er bietet 40 parzellierte Stellplätze und wird wegen seiner unbeschrankten Zufahrtsmöglichkeit dem Interesse der Reisemobilisten nach ihrer gewünschten Mobilität gerecht. Alle Plätze und Fahrwege des Reisemobilhafens sind mit Schotter befestigt. Die Parzellen besitzen einen Strom- und Frischwasseranschluss, einen Ausguss für Brauchwasser und einen TV-Anschluss. Den Gästen des Reisemobilhafens stehen die Einrichtungen des Campingplatzes offen.

Bootshäuser am größten deutschen Binnensee in Röbel

4

MECKLENBURGISCHE SEENPLATTE – TAUSEND-SEEN-TOUR

Von Röbel/Müritz über Neubrandenburg nach Waren/Müritz

1117 natürliche Seen bilden das größte Wassersportrevier Europas, die Mecklenburgische Seenplatte. Die Größe und Weite der Seen ist beeindruckend. Mittendrin hat sich die Müritz ihren Lauf gegraben. Guts- und Herrenhäuser sowie pittoreske Städte prägen die historische Kulturlandschaft. Der Müritz-Nationalpark und sieben weitere Naturparks bieten tolle Freizeitmöglichkeiten.

Wir beginnen unsere Tour durch die Mecklenburgische Seenplatte an der Müritz. Direkt am größten deutschen Binnensee liegt die hübsche Kleinstadt Röbel. Die »bunte Stadt am kleinen Meer«, wie sie liebevoll genannt wird, punktet mit einer malerischen, farbenfrohen Altstadt, mit dem idyllischen Hafen und mit einer der schönsten Seepromenaden des Landes. Liebevoll restaurierte Fachwerkhäuser reihen sich entlang der Hauptstraße.

Die Windmühle von Röbel

RÖBEL/MÜRITZ AM KLEINEN MEER

Von Süden kommend fährt man **Röbel** am besten über die Bahnhofstraße an. Am Kreisverkehr biegt man dann in die Hohe Straße ein, die durch den gesamten Ort führt. In der Nähe der Nikolaikirche gibt es genügend freie Parkplätze, wo man mit dem Bulli für wenig Geld zentral parken kann. Von hier aus kann man sich einen ersten Überblick über die Stadt verschaffen. Wer ein größeres Wohnmobil hat, fährt am besten den Parkplatz Seebadstraße direkt über dem Stadthafen an. Auch vom Campingplatz Pappelbucht kann man über die Müritz-promenade auf schönem Weg in die Stadt spazieren.

Bis zur Verleihung des Stadtrechts 1261 bestand Röbel aus zwei getrennten Siedlungen mit jeweils einer mächtigen Backsteinkirche, deren Türme bis heute Röbels Stadtsilhouette prägen. Die gotische, 1280 geweihte **Nikolaikirche** in der Neustadt hat einen 70 Meter hohen Turm, von dem aus sich ein toller Blick über den See und die Landschaft rund um die Müritz sowie auf den Marktplatz und das historische Rathaus zu Füßen der Kirche eröffnet. Noch schöner ist der Ausblick vom Turm der **Marienkirche**, die sich majestätisch aus dem Grünen erhebt. Die 148 Stufen müssen zwar mühsam erklommen werden, der Aufstieg lohnt sich aber. Hier liegt einem die ganze Stadt zu Füßen. Das Röbeler Wahrzeichen ist eines der ältesten Hallen-Backsteinbauwerke in Mecklenburg-Vorpommern und ein echtes Schmuckstück der Region. Mit dem Bau des Chores wurde um 1235 begonnen. Im 14. Jahrhundert wurde

ROUTE 4

STARTPUNKT
Röbel/Müritz

ENDPUNKT
Waren/Müritz

STRECKEN
überwiegend Landstraßen

STRECKENLÄNGE
ca. 210 km

FAHRZEIT
7 bis 14 Tage

BESTE JAHRESZEIT
April bis Oktober

Start Röbel/Müritz
Altstadt
Nikolaikirche
Marienkirche
Hafen
Seeufer-promenade
Müritz-National-park
Müritz-Therme

23 km

Mirow
Schlossinsel
Torhaus
Residenzschloss
Johanniterkirche
Liebesinsel
Mirower See

25 km

Neustrelitz

das zunächst zweijochige Kirchenschiff erweitert. Zwischen 1849 und 1851 wurde die Kirche umfangreich renoviert.
Wenn es das Wetter nur irgendwie zulässt, trifft man sich in Röbel/Müritz am **Hafen** oder an der langen **Seeuferpromenade**. Dort legen Fahrgastschiffe zu Bootstouren auf der Müritz und zu den angrenzenden Orten ab. Die Fahrräder mitzunehmen ist empfehlenswert, denn das gut ausgebaute Radwanderwegenetz rund um Röbel bietet viele Möglichkeiten, die Natur zu entdecken. Am Hafen steht auch der alte Wasserturm, heute ein bekanntes Industriedenkmal.
Wassersport hat in der Stadt Tradition. Am Müritzufer befinden sich ein Seglerhafen, ein Regattagelände und ein Rastplatz für Wasserwanderer. Es gibt mehrere Möglichkeiten, sich im Ort Boote auszuleihen, das Angebot reicht von Kanus über Segelschiffe bis zu Hausbooten. Wer kein eigenes Boot lenken möchte, kann sich einer organisierten Mü-

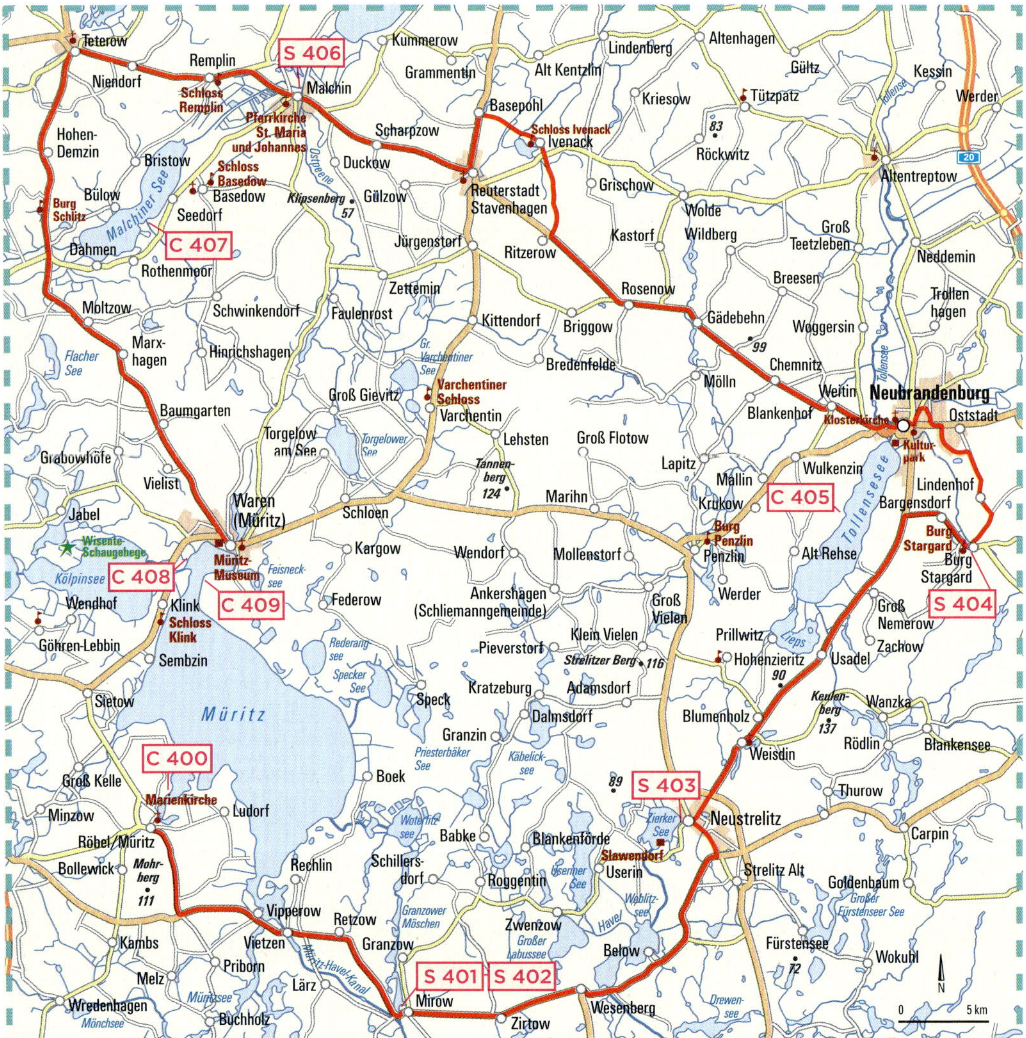

Schmucke Ferienhäuser am Ufer des Mirower Sees

ritztour anschließen. Zahlreiche Badestellen laden an der Müritz zum Schwimmen ein. Naturfreunde sollten einen Besuch im **Müritz-Nationalpark** am gegenüberliegenden Müritzufer nicht verpassen. Das Schutzgebiet ist Heimat zahlreicher bedrohter Tierarten wie Fischotter, Seeadler und Kranich. Zwischendurch lohnt sich eine Einkehr im **Restaurant Regattahaus** an der Müritzpromenade 20, Tel. 039931/535 36, raeucherkahn.de. Das traditionelle Fischrestaurant mit ganztägig warmer Küche und traumhafter Aussicht liegt direkt im Seglerhafen Röbel. Ein kleiner Stellplatz befindet sich direkt am Regattahaus. Das kleine **Hofcafé am Ziegenmarkt** mit Bio- & Weltladen in der Straße des Friedens 39, Tel. 039931/83917, überrascht mit großer Auswahl an Kuchen und kleinen Snacks.

MIROW UND SEINE SCHLOSSINSEL

Mitten in der bezaubernden Wald- und Seenlandschaft der Mecklenburgischen Kleinseenplatte liegt **Mirow** direkt an der Müritz-Havel-Wasserstraße. Die Stadt bietet ideale Bedingungen für alle Wassersportarten. Autofreie Wald- und Landwege sprechen Wanderer, Radler und Reiter an. Über die Bundesstraße 198 kommend fährt man am

AUSFLUG

MÜRITZTHERME

Die 1998 eröffnete MüritzTherme Röbel bietet weitere Möglichkeiten für Erholung am und im Wasser. Auf 3000 Quadratmetern finden die Besucher Spaß und Sport sowie Ruhe und Entspannung bei jedem Wetter. Hier befinden sich eine 57 Meter lange Rutsche, ein Sportbecken mit Hubboden, ein Riesenwasserpilz, ein Strömungskanal, Whirlpools, Sprudelliegen, Becken mit Massagedüsen und ein Kinderbecken. Im Saunarium stehen fünf verschiedene Saunen zur Nutzung bereit. Im Restaurant und in der Pool-Bar können Hunger und Durst gestillt werden.

Das barocke Residenzschloss Mirow mit romantischem Schlosspark

besten direkt auf den kostenpflichtigen Parkplatz rechts vor dem Torhaus. Von hier aus sind es nur wenige Schritte bis zum Eingang zur Schlossinsel. Wer bleiben möchte, bucht sich einen Wohnmobilstellplatz beim Bootsservice Rick & Rick auf der Schlossinsel, direkt am Ufer des Mirower Sees.

Bekannt ist Mirow vor allem für seine romantische, unter Denkmalschutz stehende **Schlossinsel** auf dem idyllischen Mirower See. Die Insel besteht aus zwei Teilen. Der Hauptinsel vorgelagert ist das **Torhaus** aus dem Jahre 1588, das Wahrzeichen der Stadt. Das weiße Renaissancetorhaus wurde zusammen mit dem Wall 1588 erbaut und stellte einst den einzigen Zugang zur Insel dar. Beim zweistöckigen Backsteinhaus handelt es sich um ein verputztes Fachwerkhaus. Das Landeswappen erhielt das Torhaus 1588 unter der Regentschaft von Herzog Karl zu Mecklenburg.

Auf der Schlossinsel befinden sich ein Gebäudeensemble mit dem barocken **Residenzschloss Mirow** und dem vom Wasser umgebenen romantischen Schlosspark. Das Schloss mit seiner kostbaren Innenausstattung wurde zwischen 1749 und 1760 nach Plänen von Christoph Julius Löwe erbaut. Sehenswert sind der Festsaal mit einer üppigen Stuckdekoration, die Wandvorlagen aus farbigem Marmor, der mit Seidentapeten ausgekleidete Rote Salon sowie Gemächer mit in chinesischem Stil bemalten Tapeten.

Eine schmiedeeiserne Brücke führt zur **Liebesinsel**, die die Ruhestätte des letzten Großherzogs von Mecklenburg-Strelitz, Adolf Friedrich VI, beherbergt.

Der gotische Backsteinbau der **Johanniterkirche** ist Mirows ältestes Gebäude. Der einschiffige Ziegelbau auf der Schlossinsel fiel

Brücke zur Liebesinsel

1742 genau wie das Schloss einem verheerenden Brand zum Opfer. Beim Wiederaufbau wurde das Innere im Stil des Barocks gestaltet. Die Johanniterkirche beherbergt die Fürstengruft, in der die regierenden Herzöge mit ihren Gattinnen und nächsten Familienangehörigen ihre letzte Ruhestätte fanden. Der Kirchturm ist ein begehbarer Aussichtspunkt, den man über 146 Stufen erklimmen kann.
Die Geschichte des Landkreises Mecklenburg-Strelitz lässt sich in einer interaktiven Ausstellung im Drei-Königinnen-Palais auf der Schlossinsel erleben. Erkundenswert sind auch die Gebäude der ehemaligen Johanniterbrauerei, die sich hinter der Kirche befinden. Im ehemaligen Eiskeller kann man heute im Ritterkeller ganz nach Ritterart speisen.
Der **Mirower See** erstreckt sich 2,5 Kilometer in nördliche Richtung und hat eine Breite von bis zu 700 Metern. Der See ist durch einen Kanal mit der Müritz-Havel-Wasserstraße verbunden und bildet in nördlicher Richtung mit weiteren Seen wie dem Granzower Möschen, dem Großen und Kleinen Kotzower See, dem Leppinsee und dem Woterfitzsee eine bei Wasserwanderern sehr beliebte Seenkette.

Neustrelitz
Schlossgarten
Schlosskirche
Orangerie
Kulturquartier
Stadthafen
Zierker See
28 km
Burg Stargard

NEUSTRELITZ UND DER SPÄTBAROCK

Von Mirow kommt man über die Useriner Straße nach **Neustrelitz**. Am Kreisverkehr am Ortseingang biegt man links in die Semmelweisstraße ein. Gleich links gibt es einen ideal gelegenen Parkplatz direkt am Stadthafen. Wer direkt auf den Stellplatz möchte, fährt hundert Meter weiter in die Straße Am Stadthafen. Dort befindet sich auf der rechten Seite ein großer Wohnmobilstellplatz. Großherzog Adolf Friedrich III. von Mecklenburg-Strelitz gründete 1733 Neustrelitz als spätbarocke Planstadt im Zentrum der Mecklenburgischen Seenplatte. Vom quadratischen Marktplatz aus zweigen sternförmig acht Straßen ab. Die Baumeister wollten den

Neustrelitz: spätbarocke Planstadt im Zentrum der Mecklenburgischen Seenplatte

↑ Blick auf den Marktplatz von Neustrelitz
↓ Die Stadtkirche mit Aussichtsplattform

Grundriss einer typischen italienischen Stadt nachahmen. Schöne alte Häuser mit Jugendstilelementen und -fassaden prägen das Stadtbild heute ebenso wie die Zwillingstürme der Schlosskirche. Am barocken Marktplatz stehen das klassizistische Rathaus und die um 1756 erbaute Stadtkirche, die in der Hauptsaison geöffnet ist. Ein Aufstieg zur Aussichtsplattform des 1831 erbauten, 45 Meter hohen Kirchturms belohnt die Besucher mit einem herrlichen Rundblick.

Im 19. Jahrhundert wurde das Stadtbild von Neustrelitz baulich durch den Schinkel-Schüler Friedrich Wilhelm Buttel geprägt, der im Auftrag des Großherzogs Kirchen, Repräsentationsbauten und Wirtschaftsgebäude errichtete. Das Residenzschloss selbst wurde gegen Ende des Zweiten Weltkriegs zerstört. Auf dem Schlossberg zeigen Markierungen den Grundriss des Gebäudes. Erhalten geblieben ist der schöne **Schlossgarten**, der 1732 im französischen Stil nach dem Vorbild Versailles angelegt wurde.

Im 19. Jahrhundert zum englischen Landschaftspark erweitert, bildet er heute mit vielen Skulpturen, Wasserspielen, alten Bäumen und romantischen Wegen eine grüne Oase am Rande der Innenstadt.

Sehenswert sind die Bauwerke des früheren Schlossareals, darunter die neugotische Schlosskirche, die klassizistische Orangerie, der Marstall, der Hebetempel und die Gedächtnishalle für Königin Luise von Preußen, eine geborene Prinzessin zu Mecklenburg-Strelitz.

Die neugotische **Schlosskirche** wurde von Friedrich Wilhelm Buttel zwischen 1855 und 1859 erbaut und von 2003 bis 2007 aufwendig restauriert. Der kreuzförmige, einschiffige Bau aus hellem Backstein wird von zwölf schlanken Türmen geschmückt, die die Apostel symbolisieren. Die Fassade schmücken Terrakotta-Figuren der vier Evangelisten Lukas, Johannes, Matthäus und Markus.

Im nördlichen Teil des Schlossgartens verdient die im klassizistischen Stil erbaute **Orangerie** besondere Aufmerksamkeit, für die ebenfalls Architekt Buttel verantwortlich zeichnet. Ursprünglich war das sogenannte Orangenhaus 1755 als lang gestrecktes, eingeschossiges Haus als Winterquartier für Pflanzen errichtet worden. Zwischen 1840

KULTUR

KULTURQUARTIER MECKLENBURG-STRELITZ

Mecklenburg-Strelitz war erfüllt von einem regen geistigen und kulturellen Leben, das sich in Architektur, Kunst und Zeugnissen der Wissenschaft vielfältig widerspiegelt. Bei einem Besuch im Kulturquartier Mecklenburg-Strelitz in der Schlossstraße lädt die Landesausstellung zu einer multimedialen Reise durch drei Jahrhunderte Stadt- und Regionalgeschichte. Im Angebot sind außerdem wechselnde Sonderausstellungen, thematische Führungen und andere Veranstaltungen.

---

und 1842 baute Buttel im Auftrag des Strelitzer Großherzogs Georg die Gebäude um. Drei Säle in den Landesfarben Gelb, Rot und Blau prägen das Innere. Im Gelben Saal ist eine antike Opferszene neben einem Bacchischen Relief von Christian Daniel Rauch aus dem Jahre 1834 zu sehen. Im Roten Saal überwiegen antike Bildnisse wie der Amor-und-Psyche-Zyklus. Roter und Blauer Saal werden gastronomisch genutzt, während im Gelben Saal regelmäßig kulturelle Veranstaltungen stattfinden.

Zwischen Schlossgarten und dem Stadthafen am **Zierker See** fällt die Edelstahlskulptur einer *Strelitzia reginae* auf. Sophie Charlotte, eine Strelitzer Prinzessin, war von 1761 bis 1818 britische Königin. Ihr zu Ehren gab der Botaniker Joseph Banks, der Direktor des Royal Gardens in Kew, einer exotischen, aus dem südlichen Afrika stammenden Blume den Namen *Strelitzia reginae.*

Am von alten Backsteinspeichern eingerahmten **Stadthafen** gibt es schöne und erholsame Plätze für eine kleine Pause, etwa an der Weißen Brücke oder im Wäschespülhaus am Zierker See. Von hier aus kann man das Fluss- und Seenparadies entlang der Havel-Wasserstraße erkunden. Radfernwege oder

Die neugotische Schlosskirche wird von zwölf schlanken Türmen geschmückt.

↑ Burg Stargard ist die nördlichste Höhenburg Deutschlands ...
↓ ... und das älteste weltliche Bauwerk in Mecklenburg-Vorpommern.

stadtnahe Rundtouren führen quer durchs Strelitzer Land, in das UNESCO-Welterbegebiet Serrahner Buchenwälder, zu den Havelquellseen oder auf den Königin-Luise-Weg.
Einen Besuch wert ist auch das Slawendorf am Zierker See. Dort kann man beim Schmieden, Töpfern, Weben oder Brotbacken selbst aktiv werden.
Nach dem Stadtbummel laden Restaurants, Cafés und Biergärten mit regionaltypischen Angeboten zu kleinen und großen Gaumenfreuden ein. Auf den Speisekarten steht ein vielfältiges Angebot an typischen Fischspezialitäten, Wildgerichten, rustikal-mecklenburgischer und mediterraner Küche. Aber auch mit einem fangfrisch belegten Fischbrötchen und einem kühlen Bier direkt am Wasser lässt es sich gut leben. Im **Hafencafé im Speicher Neustrelitz** in der Semmelweisstraße 18 (Tel. 03981/26 29 69) kommen Torten- und Kaffeeliebhaber voll auf ihre Kosten.

BURG STARGARD, EINE WIE KEINE

Von Neustrelitz fährt man über die Bundesstraße 96 und biegt kurz vor Neubrandenburg rechts auf die L33 ab. Nach dem Bahnhof Burg Stargard (Meckl) biegt man rechts in den Weinbergweg ab. Dieser führt hinauf auf den Burghügel. Dort gibt es auf der linken Seite direkt vor der **Burg Stargard** einen gebührenpflichtigen Parkplatz.
Die vor mehr als 750 Jahren erbaute Burg ist heute die nördlichste Höhenburg Deutschlands und das älteste weltliche Bauwerk in Mecklenburg-Vorpommern. Die mittelalterliche Burg hat der Stadt Stargard ihren Namen gegeben. Sie liegt acht Kilometer südlich der Kreisstadt Neubrandenburg im Tal der Linde, die in der Stadt im Mühlenteich aufgestaut wird. Im Süden des Stadtgebiets liegen der Gramelower und der Teschendorfer See.
Die zweiteilige Randhausanlage mit Vorburg und Hauptburg wurde zwischen 1236 und 1260 als Hofburg der Markgrafen von Brandenburg auf dem 90 Meter hohen **Burgberg** erbaut. Der Marktort Stargard erhielt 1259 das Stadtrecht. Um 1500 erfolgten in der Burg große Umbauten und im Jahr 1508 wurde der erste Weinberg angelegt. Das Stargarder Land wurde zum nördlichsten Weinbaugebiet Deutschlands. Die mehr als 400-jährige Tradition wurde vor einigen Jahren wiederbelebt: Auf einer Fläche von etwa 0,2 Hektar wurden 1200 Rebstöcke der Sorten Regent, Blauer Portugieser, Müller-Thurgau, Phoenix, Ortega und Elbling gepflanzt. Nach der Errichtung des Herzogtums Mecklenburg-Strelitz im Jahr 1701 wurde die Burg als Befestigungsanlage aufgegeben. Bis zur Mitte des 18. Jahrhunderts wurden ein Teil der Alten Residenz, der Nordturm, die Wehrgänge der Hauptburg und die Wehrmauer der Vorburg mit vier Wehrtürmen und dem Jungferntor abgerissen. Ab 1922 diente die Burg zehn Familien als Wohnung und Wirtschaftshof. 1990 begann die um-

Burg Stargard
Burgberg
Museum
Wurz- und Krautgarten
11 km
Neubrandenburg

Parkplatz in Stargard

Die Stadtmauer von Neubrandenburg

Neubrandenburg
Wehranlage
Vier Tore
Konzertkirche
Johanniskirche
Schauspielhaus
Tollensesee
33 km
Ivenack

fassende bauhistorische Untersuchung und Sanierung der Burganlage. Sie besteht heute aus insgesamt elf Gebäuden der unterschiedlichsten Epochen. **Museum** und Burggasthof Zur Alten Münze öffneten 1999 ihre Türen, seit dem Jahr 2000 gibt es einen historischen **Wurz- und Krautgarten**. Mehrmals im Jahr lassen Veranstaltungen das Mittelalter wieder aufleben, etwa beim Burgfest oder bei den Mittelaltertagen.

NEUBRANDENBURG, DIE VIERTORESTADT

Ein Tipp: Umfahren Sie **Neubrandenburg** über den Friedrich-Engels-Ring und fahren dann weiter über die Bundesstraße 192 bis Wulkenzin. Dort links ab- und über die Dorfstraße durch den Ort fahren, dann geht es über einen gepflasterten Waldweg am Tollensesee entlang zum Campingplatz Gatsch Eck. Nicht verzweifeln, die Fahrt dauert auf der einsamen, holprigen Straße mehr als eine Viertelstunde. Dafür liegt der Campingplatz sehr schön abseits des Trubels am See. Von dort kann man die Stadt über einen schattigen Radweg, der direkt am Tollensesee entlangführt, in dreißig Minuten erreichen. Die Radstrecke ist 9,5 Kilometer lang. Zum Erkunden der Viertorestadt wird vor Ort jeder froh um sein Fahrrad sein.

Neubrandenburg ist nach Rostock und Schwerin die drittgrößte Stadt Mecklenburg-Vorpommerns. Die 1248 gegründete Stadt ist ein beliebtes Ziel für Kulturfreunde. Eine landschaftliche Attraktion ist der Tollensesee, mit gut 17 Quadratkilometern Wasserfläche eines der zehn größten Gewässer Mecklenburg-Vorpommerns.

Die Bau- und Kulturgeschichte der Stadt ist abwechslungsreich und beeindruckend. Kaum eine Stadt besitzt einen so geschlossenen Doppelringwall um ihre mittelalterliche Stadtmauer. Die **Wehranlage** besteht aus einem Doppelwall mit drei Gräben, die ursprünglich mit Wasser gefüllt waren. Der innere Wall ist 20 bis 30 Meter von der Stadtmauer entfernt. Ebenso groß ist der Abstand zwischen den Wällen. Damit beträgt die Ausdehnung der Anlage teilweise bis zu 70 Meter. 1824 wurde der Wall mit seinen Eichen und Wildblumen zur Stadtpromenade. Sehenswert sind die sogenannten Wiekhäuser. Die ehemaligen Wachhäuser in der Stadtmauer werden heute als Läden, Galerien oder Gaststätten genutzt und sind so für Besucher zugänglich.

Vier mittelalterliche Stadttore prägen das Stadtbild. Das **Friedländer Tor** ist die älteste und mit 88 Metern Länge die umfangreichste Toranlage. Das stadtseitige, 20 Meter

Die Marienkirche ist das bedeutendste Baudenkmal Neubrandenburgs.

hohe Haupttor wurde um 1300 erbaut. Das feldseitige Vortor entstand in der ersten Hälfte des 14. Jahrhunderts. Im ehemaligen Zollhaus des Steuereinnehmers lädt heute ein gemütliches Café zum Verweilen ein. Das **Stargarder Tor** ist das zweitälteste Tor und bildet den südlichen Zugang zur Stadt. Im 14. Jahrhundert wurden ein 24 Meter hohes Haupttor und ein 18 Meter hohes Vortor errichtet. Beide Tore wurden durch 40 Meter lange Zwingmauern miteinander verbunden, dazwischen steht ein Zollhaus. Eine Besonderheit des Tores sind die neun fast lebensgroßen Figuren aus Terrakotta und verputztem Ziegelmauerwerk, die Adorantinnen. Die wahre Bedeutung der Figuren ist bis heute ungeklärt. Das **Neue Tor** wurde als jüngstes der vier Neubrandenburger Tore erst nach 1450 erbaut. Erhalten ist heute nur noch das Haupttor. In den Giebelnischen der Stadtseite befinden sich auch hier acht überlebensgroße Adorantinnen. Das **Treptower Tor** schließlich ist das höchste und zugleich das repräsentativste der vier Stadttore. Das stadtseitige Haupttor, gebaut um 1400, hat eine Höhe von fast 32 Metern und überragt das feldseitige Vortor turmartig um fast das Doppelte. Bereits 1873 ist das Treptower Tor zum städtischen Museum, dem ältesten bürgerlichen Museum in Mecklenburg-Strelitz, ausgebaut worden. Heute beherbergt das Haupttor die Ausstellungen zur Ur- und Frühgeschichte des Regionalmuseums Neubrandenburg.

Vor dem Treptower Tor steht die 1271 erstmals erwähnte **Vierradmühle**, eine der größten Mühlen Mecklenburgs. Der Oberbach, ein 860 Meter langer Kanal, trieb ihre vier Wasserräder an. Heute beherbergt der mehrgeschossige Backsteinbau mit Fach-

Das Stargarder Tor ist das zweitälteste Tor von Neubrandenburg.

werk-Anbau Gaststätten und kulturelle Einrichtungen.
Die **Marienkirche** ist das größte und bedeutendste Baudenkmal Neubrandenburgs. Ihr Ostgiebel zählt zu den kunstvollsten Schöpfungen der Backsteingotik in Norddeutschland. Die dreischiffige Kirche wurde Mitte des 13. Jahrhunderts erbaut, mehrmals durch Brände in Mitleidenschaft gezogen, wiederaufgebaut und im Zweiten Weltkrieg bis auf die Außenmauern und Teile des Turmes zerstört. Mitte der 1970er-Jahre begann der Wiederaufbau: Dach, Turm und Außenhülle wurden wiederhergestellt. Nach europaweiter Ausschreibung 1996 überzeugte der finnische Architekt Pekka Salminen mit seiner Konzeption zum Ausbau der Marienkirche. Er integrierte in die altehrwürdige Backsteinhülle einen hochmodernen Konzertsaal. Salminen gelang dabei eine wunderbare Symbiose von Altem und Neuem. Deutschlands aufregendste Konzertkirche begeistert seit ihrer Eröffnung im Jahr 2001 mit ihrer hervorragenden Akustik Tausende Konzertbesucher. 2007 wurde im Turm der Kirche eine ständige Sonderausstellung »Wege zur Backsteingotik in Neubrandenburg zur Wehr und Zier« eröffnet.
Mitten im Herzen Neubrandenburgs wird Kaffeegenuss in entspannter Atmosphäre gelebt: in der **25 GRAD Die Kaffeebar** in der Stargarder Straße 5, Tel. 0395/35 17 54 50, 25graddiekaffeebar.de.
Unmittelbar nach der Stadtgründung 1248 hat sich der Franziskaner-Orden in Neubrandenburg niedergelassen. Dem klösterlichen Leben entsprechend wurde eine abgeschlossene Vierflügelanlage am nördlichen Stadtrand erbaut. Als südlicher Flügel entstand um 1250 die **Johanniskirche** als schlichte Feldsteinkirche. Nach einem Brand vergrößerte man die Kirche Mitte

des 14. Jahrhunderts und baute das jetzige Hauptschiff dazu. Sehenswert sind die kunstvoll gestaltete Kanzel aus Kalkstein von 1598, der reich ornamentierte Barockaltar und das im Altarraum stehende Chorgestühl. Das **Franziskanerkloster** zählt noch heute zum eindrucksvollen mittelalterlichen Architekturbestand im Stadtzentrum von Neubrandenburg. Im ehemaligen Refektorium des Klosters hat das städtische Museum seinen Sitz.

Die frühgotische **Backsteinkapelle St. Georg** vor dem Treptower Tor wurde 1308 erstmals urkundlich erwähnt. St. Georg war eine Spitalkapelle mit einer kleinen Dorfstelle und einem Friedhof. Ab dem 18. Jahrhundert wurden die umgebenden Häuschen der Kirche als Hospital für ältere Bürger der Stadt genutzt. Heute sind sie Hotel und Gaststätte.

Um 1780 ließ Herzog Adolf Friedrich IV. das herzogliche **Schauspielhaus** in der Pfaffenstraße erbauen. Er förderte das Hoftheater und brachte es zu einer ersten Blüte. 1994, nach 100 Jahren Zweckentfremdung, gingen im ältesten erhaltenen Theatergebäude Mecklenburgs, dem Herzoglichen Schauspielhaus Neubrandenburg, die Lichter wieder an. Modernste Bühnen- und Saaltechnik wurde eingebaut und Platz für 180 Zuschauer geschaffen.

In einer hügligen Waldlandschaft liegt der **Tollensesee**. Der zehn Kilometer lange und bis zu 2,5 Kilometer breite See gehört zu den saubersten und größten Gewässern in Mecklenburg-Vorpommern. An seiner tiefsten Stelle geht es im See 33 Meter hinab. Um den Tollensesee führt ein 35 Kilometer langer Fahrradrundweg mit natürlichen und kulturellen Sehenswürdigkeiten. Die bewachten Strandbäder Broda am Nordwestufer und der erste barrierefreie Badesteg Mecklenburg-Vorpommerns im Augustabad am Nordostufer laden mit attraktiven Strandbereichen ein. Der FKK-Strand Buchort im Brodaer Holz und der Strand in Nonnenhof bieten weitere Bademöglichkeiten. Im Sommer laden Fahrgastschiffe zu Rundfahrten ein. Am Ostufer des Tollensesees bietet sich vom Aussichtsturm Brehmshöhe ein schöner Blick über das Gewässer und die Stadt. 111 Stufen führen zur Aussichtsplattform des 34 Meter hohen, viereckigen Bauwerks.

↑ Oberbachbrücke und …

↓ … Waldlandschaft am Tollensesee

↑ Das Schloss Ivenack aus dem 16. Jahrhundert. ↓ Der neue Baumkronenpfad Ivenacker Eichen wurde 2007 eröffnet.

IVENACK, OASE DER RUHE

Ritter Reinbern von Stove stiftete im Jahre 1252 das Zisterzienser-Nonnenkloster zu **Ivenack**. Von Neubrandenburg kommend hat man eine Bilderbuchanfahrt über die Eichenallee. Wer sich Schloss und Kirche anschauen möchte, fährt auf den Parkplatz gleich hinter dem Forstamt Stavenhagen. Wer weiter zum Ivenacker Eichenwald möchte, fährt bis zum Parkplatz Ivenacker Tiergarten, direkt gegenüber vom Eingang. Das **Schloss Ivenack** stammt in seinem älteren, mittleren Teil aus dem 16. Jahrhundert. Auf den Resten des ehemaligen Nonnenklosters wurde 1590 das später im barocken Stil umgestaltete Schloss erbaut. Eine erste Erweiterung fand 1709 statt. Auch der halbkreisförmig angelegte Marstall, die Orangerie, das Teehaus und die Kirche stammen aus dieser Zeit. Um 1810 wurde das Schloss nochmals um zwei Flügel erweitert.
Nach 1945 diente das Schloss als Flüchtlingsunterkunft, später als Alten- und Pflegeheim. Seit dem Jahr 2000 ist das Schloss wieder in Privatbesitz und wird derzeit saniert. Der ursprünglich barocke Lustgarten mit Lindenallee wurde 1800 zum Landschaftspark umgestaltet. Berühmt ist dieser Park für seine 1000-jährigen Eichen und den über 70 Hektar großen Tiergarten mit weitläufigem Wildgehege für Damwild.
Die **Kirche von Ivenack** geht auf die im 13. Jahrhundert erbaute Klosterkirche des Zisterzienserinnenklosters zurück. Nach ihrer Zerstörung im Dreißigjährigen Krieg wurde sie um 1700 wiederaufgebaut und erhielt um 1868 durch Umbauten ihre heutige Gestalt. Die Kirche enthält neben dem Altar weitere historische Ausstattung, darunter die mit allegorischen Gemälden verzierte Orgelempore, eine historische Kanzel und eine Patronatsloge sowie das schmuckvolle Epitaph für Ernst Christoph von Koppelow.

Im Ivenacker Tiergarten

Ivenack
Schloss Ivenack
Kirche
Baumkronenpfad
Ivenacker Eichen
1.000-jährige
Eichen
18 km
Malchin

Mitten im historischen Ivenacker Eichenwald, im Ivenacker Tiergarten, wurde 2017 der neue **Baumkronenpfad Ivenacker Eichen** eröffnet. Der Pfad ist 620 Meter lang und verfügt über eine 40 Meter hohe Aussichtsplattform, die mit einem Aufzug erreichbar ist. Der Pfad ist komplett barrierefrei und bietet einen Rundumblick in die Landschaft der Mecklenburgischen Seenplatte mit dem Ivenacker See. Die Gäste des Tiergartens haben die Möglichkeit, auf 14 Stationen Wissenswertes über den Wald zu erfahren und die beeindruckenden Baumriesen vom Stamm bis zur Krone aus der Nähe zu erkunden.
Die **1000-jährigen Ivenacker Eichen** sind eine kultur- und naturhistorische Besonderheit, die ihresgleichen sucht. Sie gehören zu den ältesten Bäumen Deutschlands und besitzen eine besondere Symbolkraft. Die mächtigste der alten Eichen gilt mit 140 Kubikmetern als volumenreichste Eiche Europas. Das genaue Alter des Baums kann nicht ermittelt werden. Aus Jahrringmessungen kann aber geschlussfolgert werden, dass ein Alter von 1000 Jahren als möglich erscheint. Der Hofladen Ivenacker Eichen befindet sich im Eingangsbereich des Nationalen Naturmonuments Ivenacker Eichen beim Ivenacker Tiergarten (Tel. 039957/29 80, hofladen-bauernladen.info). Hier gibt es unter anderem auch regionales Wild vom Förster.

↑ Die St. Johanniskirche in Malchin
↓ Am Malchiner See

MALCHIN

Die 1236 gegründete Stadt Malchin liegt zwischen dem Malchiner und dem Kummerower See im Herzen der Mecklenburgischen Schweiz. Wer über die Bundesstraße 104 nach Malchin kommt, biegt am besten am Fangelturm links Richtung Teichberg ab. Dort gibt es auf der linken Seite direkt am Volkspark einen kleinen Parkplatz. Der ruhig gelegene Campingpark Seedorf liegt 12 Kilometer weiter am Ufer des Malchiner Sees.

Zu den sehenswerten Schätzen Malchins gehört die **St. Johanniskirche**. Die dreischiffige backsteingotische Basilika aus dem 15. Jahrhundert überrascht mit der in ihrem Klang einzigartigen Frieseorgel und dem um 1430 entstandenen Marienaltar. Der 67 Meter hohe Kirchturm der Stadtkirche kann bestiegen werden.

Das erste **Rathaus** von Malchin stammt aus dem 13/14. Jahrhundert. Gut erhalten ist davon noch der gotische Keller. Um 1745 entstand das zweite Rathaus als zweiteiliger barocker Bau. Das dritte Rathaus von 1842 wurde durch einen vergrößerten Umbau mit gotisierenden und klassizistischen Formen geschmückt. Im Obergeschoss befindet sich der ehemalige Landtagssaal mit Schmuckgiebel.

Zwei restaurierte **Stadttore** erinnern noch an die mittelalterliche Vergangenheit: Das Steintor am Südrand der Altstadt stammt aus dem 15. Jahrhundert, das Kalensche Tor am Nordrand der Altstadt ebenso.

Gut erhalten sind Reste der Stadtbefestigung und der Stadtmauer: Der 35 Meter hohe **Fangelturm** ist ein Wehrturm aus dem 15. Jahrhundert, der Ende des 16. Jahrhunderts um einen Renaissance-Giebel ergänzt wurde. Er hat seinen Namen von der einstigen Verwendung als Gefängnis. Der runde Wasserturm von Malchin war von 1902 bis 1980 in Betrieb.

Das **Heimatmuseum in der Stadtmühle** zeigt eine Dauerausstellung über Siegfried Marcus, den 1831 in Malchin geborenen Erfinder des ersten mit Benzin betriebenen Straßenfahrzeuges der Welt.

Direkt in der Stadt befinden sich ein Sportboothafen sowie der Wasserwanderrastplatz und Hafen Koesters Eck. Beide sind über die

Mühlenteich und Mühlenviertel in Teterow

Peene mit dem Kummerower See verbunden. Ein modernes Freibad lädt mit Badeattraktionen für Jung und Alt ein.

BERGRINGSTADT TETEROW

Wer auf der Bundestraße 104 nach **Teterow** kommt, biegt vor dem Überqueren der kleinen Peene rechts in den Pastor-Friedler-Weg ab. Der Parkplatz liegt gleich rechts, schräg gegenüber vom Mühlenteich.
Die Kleinstadt Teterow ist der geografische Mittelpunkt des Landes Mecklenburg-Vorpommern. Eine auf dem Marktplatz vor dem Rathaus eingelassene Metallplatte weist auf die besondere Lage des Städtchens in der nördlichen Seenplatte hin.
Bekannt ist Teterow durch seine idyllische Burgwallinsel, die Altstadt mit vielen historischen Baudenkmälern und die alljährlichen Motorradrennen auf dem Bergring. Seit 2017 trägt Teterow den Titel Bergringstadt auch im Namen.

Die Geschichte der Stadt reicht zurück bis in die Zeit um das 10. Jahrhundert, als sich die Slawen auf der **Burgwallinsel** im Teterower See niederließen. Die meterhohen Wälle einer einstigen Wehranlage im Norden der Insel sind noch deutlich zu erkennen. Die UNESCO erklärte das Eiland 2010 zum »Schützenswerten Kulturgut der Menschheit«. Besucher können mit einer Seilfähre oder mit einer Barkasse übersetzen. Auf der Insel führen Wanderwege zu einem Badestrand, einem Bootsverleih und einem Restaurant. Teile des Westufers stehen unter Naturschutz.
Der mittelalterliche Stadtkern von Teterow mit der Stadtkirche, dem Rathaus, dem Hechtbrunnen, dem historischen Mühlenviertel und den beiden Stadttoren lädt zum Bummeln ein. Die **Stadtkirche St. Peter und Paul**, ein wuchtiger Backsteinbau aus

Malchin
St. Johanniskirche
Rathaus
Steintor und Kalensches Tor
Fangelturm
Heimatmuseum in der Stadtmühle
15 km
Teterow

Die Kleinstadt Teterow ist der geografische Mittelpunkt von Mecklenburg-Vorpommern.

dem 13. Jahrhundert, überragt zahlreiche Häuser in den teils schmalen Gassen sowie das Mühlenviertel. Der Hechtbrunnen auf dem Marktplatz erinnert an eine der Legenden aus Teterow, das auch als Schilda des Nordens gilt: Ein Fischer soll einen großen Hecht geangelt haben. Um ihn frisch zu halten, setzte er ihn wieder in den See - band ihm aber zuvor eine Glocke um, damit er den Fisch jederzeit wiederfinden konnte. Das **Malchiner Tor** ist eines der zwei erhaltenen Tore der Wehranlage, welche die Stadt umgab. Das gotische viergeschossige Backsteintor aus dem 14. Jahrhundert im Südosten des Stadtzentrums sicherte die Straße nach Malchin ab. Heute ist hier das Stadtmuseum mit neuem Museumskonzept beherbergt.
Gastronomischer Mittelpunkt der Stadt direkt am Mühlenteich ist das **Restaurant Stadtmühle** in der Mühlenstraße 1 in Teterow mit einer modernen und regionalen Küche (Tel. 03996/15 23 00, stadtmuehle-teterow.de).

Zahlreiche historische Schlösser, Guts- und Herrenhäuser laden im Umfeld Teterows zum Besuch. Sie prägen das Bild der Landschaft und zeugen von Pracht und Herrlichkeit vergangener Tage. **Burg Schlitz**, heute ein Luxushotel, ist umgeben von einem einzigartigen, frei zugänglichen Landschaftspark. **Schloss Teschow** ist heute eine Schlossklinik mit erstklassigen Angeboten für Golfsportler. Das **Gutshaus Belitz** ist Drehort der Fernsehserien »Abenteuer 1900« und »Abenteuer 1927«.
Wer ein historisch gewachsenes mecklenburgisches Gutsensemble erleben möchte, sollte das **Thünengut Tellow** besuchen. Die einstige Wirkungsstätte des Musterlandwirts und Agrarökonomen Johann Heinrich von Thünen ist heute Museumsdorf mit vielfältigen Angeboten für Gäste jeden Alters.
Das wald- und seenreiche Umland von Teterow bietet viele Möglichkeiten für ausgedehnte Wanderungen. Für einen guten Überblick sorgt eine Aussichtsplattform in

gut 20 Metern Höhe auf einem Ehrenmal auf den **Heidbergen**. Das wuchtige Bauwerk von 1927 symbolisiert ein in den Berg gerammtes Schwert und erinnert an die Opfer des Ersten Weltkriegs.

WAREN AN DER MÜRITZ

Der Hauptort an der Müritz und Zentrum der Urlaubsregion Mecklenburgische Seenplatte ist **Waren**. In Waren bewegt man sich am besten mit dem Fahrrad. Vom Campingplatz Kamerun führt ein drei Kilometer langer, sehr schöner Radweg direkt ins Zentrum der Stadt.
Besucher erwartet eine überraschende Mischung aus städtebaulichem Charme, abwechslungsreichen kulturellen Angeboten sowie eine großartige Natur am Müritz-Nationalpark mit zahlreichen Möglichkeiten der Freizeitgestaltung.
Waren ging im frühen 13. Jahrhundert aus einer slawischen Siedlung hervor. Der Werlesche Fürst Nikolaus I. bestätigte 1273 das Patronatsrecht über die »ecclesia Warne«, die Kirche St. Georgen von Waren. Westfälische Siedler bauten die Stadt rund um die Kirche St. Georgen und den Alten Markt im Rahmen der Deutschen Ostsiedlung aus. Später kam die Neustadt mit der fürstlichen Burg östlich der späteren Kirche St. Marien hinzu. In der ersten Hälfte des 14. Jahrhunderts verschmolzen beide Stadtteile zu einem einheitlichen Stadtgrundriss, in dessen Mitte der Neue Markt die zentrale Stellung einnahm. In der Warener Altstadt mit ihren liebevoll restaurierten Fachwerkhäusern wandelt man nahezu allerorts auf historischen Spuren.

SPECIAL

DER TETEROWER BERGRING

Seit 1930 zieht der Teterower Bergring, die Rennstrecke für Motorräder, Jahr für Jahr um Pfingsten Tausende Motorsportbegeisterte in ihren Bann. Die hügelige Grasbahn im Nordwesten der Stadt gilt als eine der schönsten Rennstrecken europaweit. Auch auf der benachbarten Speedway-Arena finden im Sommerhalbjahr zahlreiche internationale Rennen statt. Mit dem erstmals im Jahr 2009 gestarteten RUST ‚N' DUST Jalopy erlebte die Renntradition auf dem Bergring eine Erweiterung durch modifizierte und historische Fahrzeuge bis Baujahr 1959.

KULTUR

STADTGESCHICHTLICHES MUSEUM WAREN (MÜRITZ)

Das Stadtgeschichtliche Museum befindet sich im historischen Neuen Rathaus am Neuen Markt und dokumentiert die über acht Jahrhunderte umfassende Geschichte der Stadt. In der ständigen Ausstellung steht die Lebensweise der Menschen im Mittelpunkt.

Im Stadtmuseum von Teterow

Hafen und Altstadt von Waren mit der Kirche St. Marien

Die **Kirche St. Marien**, ein achteckiger, einschiffiger Backsteinbau im Osten der Altstadt, entstand im 13. Jahrhundert aus den Überresten der Burgkapelle der nicht mehr existenten Warener Burg. Sie ist das älteste erhaltene Bauwerk der Stadt. Besondere Merkmale sind die verschiedenen Baustile, die der Kirche über die Jahrhunderte ihr Aussehen verliehen haben. Seit 1995 hat der Turm eine Aussichtsplattform in 45 Meter Höhe, die über 176 Stufen zu erreichen ist und einen atemberaubenden Blick über die Warener Altstadt und die angrenzenden Seen bietet.

Die **Kirche St. Georgen** stammt in ihren Ursprüngen aus dem 14. Jahrhundert. Die dreischiffige Basilika, ein Bauwerk der Backsteingotik, hat ein vierjochiges, von einem Kreuzrippengewölbe gedecktes Langhaus. Der quadratische Westturm stammt von 1414. Nach dem Brand von 1699 wurde die Kirche erst Mitte des 19. Jahrhunderts vollständig in neugotischem Stil renoviert.

Das **Alte Rathaus** befindet sich an der Nordostecke des Alten Marktes. Das zweigeschossige Backsteingebäude geht in seinem Kern auf das 14. Jahrhundert zurück. Die Wände sind fast einen Meter stark. Das Gebäude hat an der Ostseite drei Bögen des ehemaligen Laubenganges, die einst als Gerichtslauben dienten.

Das **Neue Rathaus**, das heutige Rathausgebäude auf dem Neuen Markt, wurde 1797 errichtet und Mitte des 19. Jahrhunderts als dreigeschossiger Bau im Stil der Tudorgotik umgebaut. Nach der Rekonstruktion von 1988 wurde das Gebäude mit Farbputz und Schinkellampen versehen.

Neben all der Kultur und Geschichte darf natürlich auch der Genuss nicht zu kurz kommen. Die größte gastronomische Einrichtung im Stadtzentrum von Waren – mit viel frischem Fisch – ist das **Restaurant Altes Reusenhus** in der Schulstraße 7 (Tel. 03991/66 68 97, reusenhus.de). Das gemütliche **Restaurant Pier 3** mit Terrasse liegt direkt am alten Hafen von Waren an der Strandstraße 4 (Tel. 03991/66 42 41, pier3-waren.de).

Auf dem Neuen Markt finden dienstags und donnerstags der **Wochenmarkt** sowie regelmäßig Grüne Märkte, Töpfer- und Kunsthandwerker- sowie Krammärkte statt.

Die Müritzfischer sind für traditionellen Fischfang aus heimischen Gewässern, Fischzucht und Aquakultur bekannt: **Fisch Kauf Haus**, Eldenholz 42, Waren, fischkaufhaus.de.

Am **Stadthafen** am Rande der historischen Altstadt hat sich ein sehenswertes maritimes Ensemble entwickelt. Neben den Liegeplätzen lädt die Uferpromenade mit ihren zahlreichen gastronomischen Einrichtungen und Shops zum Verweilen und Entdecken ein. Von hier aus kann man mit einem der Fahrgastschiffe zu Schiffstouren auf der Müritz und der Mecklenburger Seenplatte ablegen oder sich selbst als Freizeitkapitän betätigen. Vom Stadthafen gelangt man zu Fuß oder mit dem Rad entlang des Feisnecksees in die Warener Stadtforsttannen und zu weiteren malerischen Seen. Östlich von Waren lädt der Kölpinsee zum Entspannen ein. Eine besondere Sehenswürdigkeit ist hier der Damerower Werder, eine Halbinsel mit einem Wisentgehege, auf der man die Tiere authentisch beobachten kann.

Im **Militärhistorischen Marinemuseum** sind an die 600 Marinegegenstände aus der Zeit der Kaiserlichen Marine, der Reichsmarine, der Kriegsmarine, der Volksmarine bis hin zur heutigen Bundesmarine ausgestellt. Aus allen Epochen werden Original-Uniformen, Urkunden, Säbel, Waffen, Schiffsmodelle, Technik und vieles mehr gezeigt (Lange Straße 3, marinemuseum-mueritz.de).

Als **Erholungs- und Luftkurort** hat Waren eine lange Tradition. Schon seit den 30er-Jahren des 19. Jahrhunderts genießen Gäste die saubere Luft, die reizvolle Seen-

Blick von St. Marien auf den Hafen von Waren

Der Tiefwarensee bei Waren

landschaft und den Charme des lebhaften Städtchens. Seit 2012 ist Waren anerkanntes Soleheilbad. Im Kurzentrum Waren auf dem Nesselberg kommt die Warener Thermalsole vielfältig zum Einsatz. Vielversprechende Therapiemöglichkeiten gibt es bei Hauterkrankungen, Erkrankungen der Atemwege und Erkrankungen des Bewegungs- und Stützapparates.
Am südöstlichen Stadtrand von Waren liegt der etwa 3100 Meter lange und 600 Meter breite **Feisnecksee**. Mit der Müritz ist der See nur durch einen schmalen, flachen, nicht schiffbaren Graben verbunden. In dem zum Müritz-Nationalpark gehörenden und von einem Schilfgürtel umgebenen glazialen Rinnensee befindet sich etwa in der Mitte eine Burgwallinsel. Im nördlichen Bereich gibt es eine Badestelle. Auf einer 8,5 Kilometer langen Rundtour kann der See erkundet werden.
Der westlich von Waren gelegene **Kölpinsee** liegt zwischen Müritz und Fleesensee. Sein Name stammt aus dem Slawischen und bedeutet so viel wie Schwan. Der See gehört zur Elde-Müritz-Wasserstraße, liegt abseits größerer Siedlungen und ist umgeben von Wäldern und mehreren Naturschutzgebieten.
Der etwa 2700 Meter lange und 680 Meter breite **Tiefwarensee** liegt am nordöstlichen Rand von Waren. Er ist ein eiszeitlich entstandener sogenannter glazialer Rinnensee mit einer ausgeprägten südlichen Bucht. Der See hat sich wegen seiner Lage als beliebtes Naherholungsgebiet mit Kanu- und Bootsverleih sowie der Möglichkeit des Angelns entwickelt. Windsurfen und Motorboote sind verboten.
Das **Müritzeum** ist ein modernes, multimediales Natur-Erlebnis-Zentrum und versteht sich als Schaufenster in den Müritz-Nationalpark. Faszinierend, unterhaltsam und informativ, einfach und verständlich, präsentiert es das Urlaubsland rings um die Müritz. Highlight ist die größte Süßwasser-Aquarium-Landschaft für heimische Fische in Deutschland mit mehr als 40 Fischarten. Die Ausstellungen mit ihren interaktiven Themenräumen und den naturhistorischen Exponaten werden wissenschaftlich betreut und basieren auf den einzigartigen und über 150 Jahre alten Naturhistorischen Sammlungen Mecklenburg-Vorpommerns. Der Museumsgarten rund um den idyllischen Herrensee lädt zum Verweilen ein. Auf die kleinen Gäste wartet ein Abenteuerspielplatz (Zur Steinmole 1, mueritzeum.de).

AUSFLUG

SCHIFFFAHRT

Die Weisse Flotte Müritz bietet Schifffahrten auf der Mecklenburgischen Seenplatte an (Strandstraße/Steinmole, Tel.03991/12 26 68, weisse-flotte-mueritz.de).
Das Charterangebot der Bootsvermietung & Yachtschule Wachholz umfasst diverse Sportboote für den Tages-, Halbtages- oder Stundenausflug. Viele Boote können auch ohne Bootsführerschein gemietet werden.

PRAKTISCHE HINWEISE

TOURISTINFORMATIONEN

Tourismusverband Mecklenburgische Seenplatte
Turnplatz 2,
17207 Röbel/Müritz,
Tel. 039931/53 80,
mecklenburgische-seenplatte.de

Touristinfo Haus des Gastes Röbel/Müritz
Straße der Deutschen Einheit 7, 17207 Röbel/Müritz,
Tel. 039931/80113,
mecklenburgische-seenplatte.de

Touristinformation Mirow
Schlossinsel 2a, 17252 Mirow,
Tel. 039833/275 67,
mecklenburgische-seenplatte.de

Tourist- und Nationalparkinformation Neustrelitz
Strelitzer Straße 1,
17235 Neustrelitz,
Tel. 03981/45 34-105,
neustrelitz.de

Touristinformation Burg Stargard
Burg 4, 17094 Burg Stargard,
Tel. 039603/253 55,
burg-stargard.de

Touristinfo Neubrandenburg
Marktplatz 1,
17033 Neubrandenburg,
Tel. 039555/951 27,
neubrandenburg-touristinfo.de

Stadtinformation Malchin
Am Markt 1, 17139 Malchin,
Tel. 03994/64 01 11,
malchin.de

Touristinformation Teterow
Östliche Ringstraße 105,
17166 Teterow,
Tel. 03996/17 20 28,
teterow.de

Touristinformation Waren (Müritz) Kur- und Tourismus GmbH
Neuer Markt 21,
17192 Waren (Müritz),
Tel. 03991/74 77 90,
waren-tourismus.de

Wohnmobilstellplatz
Bootsservice Rick & Rick

CAMPING- UND STELLPLÄTZE

C 400 **Campingplatz Pappelbucht** (S. 188 C5)
Seebadstraße 38A, Röbel/Müritz, Tel. 039931/59113,
mueritztherme.com/camping
GPS: 53.39417, 12.62409
Der Campingplatz liegt direkt an der Müritz. Auf drei Hektar umzäunter Fläche stehen 150 Stellplätze für Zelte, Caravans und Wohnanhänger zur Verfügung. Im direkt am Campingplatz gelegenen Strandbad haben Camper freien Eintritt.

S 401 **Wohnmobilstellplatz am Schlossparkplatz in Mirow** (S. 188 D6)
Herrensteig, Mirow,
Tel. 039833/28 00
GPS: 53.27603, 12.81272
Gebührenfreier Stellplatz für fünf Wohnmobile am Ortsrand von Mirow. Beleuchteter

↑ und ↗ Camping- und Wohnmobilpark Kamerun in Waren

Platz mit Frischwasser, Strom, Entsorgung Grauwasser, Entsorgung Chemie-WC. Maximaler Aufenthalt: 12 Stunden. Ganzjährig nutzbar.

S 402 Wohnmobilstellplatz Bootsservice Rick & Rick
(S. 188 D6)
Schlossinsel 6, Mirow
GPS: 53.32210, 12.79500
Kleiner kostenpflichtiger Wohnmobilstellplatz bei der Marina des Bootsservices Rick & Rick direkt am Mirower See. In der Schlossbrauerei auf der Schlossinsel wird gutes Essen serviert.

S 403 Reisemobilstellplatz am Zierker See (S. 189 F5)
Am Stadthafen 11, Neustrelitz,
Tel. 03981/45 34-540,
neustrelitz.de
GPS: 53.35560, 13.05577
Der Wohnmobilstellplatz in bester Lage am Stadthafen bietet mit 25 begrünten Stellplätzen für Reisemobile Besuchern der Residenzstadt eine schöne Übernachtungsmöglichkeit. Zum Service gehören Stromsäulen und Trinkwasserzapfstellen. Müll und Abwasser können umweltfreundlich entsorgt werden. Sanitäre Anlagen mit Toiletten und Duschen bietet die Hafenmeisterei an.

S 404 Wohnmobilstellplatz an der HEM-Tankstelle
(S. 189 G4)
Tuchmacherstraße 1,
Burg Stargard,
Tel. 039603/204 78,
hem-tankstelle.de
GPS: 53.49937, 13.30568
Gebührenfreier Stellplatz in Burg Stargard mit Frischwasser, Strom und Entsorgung Grauwasser. Das Zentrum ist zu Fuß erreichbar. Ganzjährig nutzbar.

C 405 Campingplatz am Tollensesee Gatsch Eck
(S. 189 F4)
Verein der Naturfreunde Gatsch Eck, Wulkenzin,
Tel. 0395/566 51 52,
camping-gatsch-eck.de
GPS: 53.51626, 13.20380
Urlaub im Herzen der Natur verspricht der einzige Campingplatz am Tollensesee mit seiner abgeschiedenen Lage mitten im Wald. Durch die direkte Wasserlage und die Nähe zum Oberzentrum Neubrandenburg ergeben sich zahlreiche Möglichkeiten der Freizeitgestaltung. Der Tollensesee lädt zum Baden, Paddeln oder Angeln ein. Der Rundweg um den See begeistert Wanderer, Jogger und Radfahrer zugleich.

S 406 Wohnmobilstellplatz am Kanu-Club (S. 188 D2)
Am Kanal 4, Malchin,
Tel. 03994/23 94 68,
malchiner-kanu-club.de
GPS: 53.74413, 12.76633
Gebührenpflichtiger Stellplatz am Ortsrand von Malchin. Der Stellplatz liegt in Flussnähe an einer Sportstätte. Wasser, Entsorgung Grauwasser, Entsorgung Chemie-WC, WC im Übernachtungspreis enthalten. Am Platz gibt es ein Restaurant, Imbiss, Fahrradverleih und Grillstelle. Das Zentrum ist zu Fuß erreichbar.

Stellplatz in Röbel, Regattenhaus

Campingplatz am Tollensesee Gatsch Eck

C 407 **Campingpark Seedorf** (S. 188 C2)
Campingplatz 1, Seedorf,
Tel. 039957/291 39,
campingpark-seedorf.de
GPS: 53.68052, 12.63062
Der familienfreundlich geführte Campingplatz bietet Erholung für alle Altersgruppen. Mit 100 großzügigen Stellplätzen entspricht der Platz mit seinen Sanitäranlagen und seinen Einrichtungen mit internationalen Ausstattungsstandards.

C 408 **Camping- und Wohnmobilpark Kamerun** (S. 188 C4)
Zur Stillen Bucht 3,
Waren (Müritz),
Tel. 03991/12 24 06,
campingtour-mv.de/waren/index.html
GPS: 53.51068, 12.84934
Der Seecamper kombiniert den Wohnwagenurlaub oder Wohnmobilurlaub mit einer Schiffsreise und garantiert ein ganz besonderes Urlaubserlebnis – als Wochenendtrip oder mehrtägige Reise. Start vom Camping- und Wohnmobilpark Kamerun aus zu einem erlebnisreichen Urlaub auf der Mecklenburgischen Seenplatte im eigenen Wohnmobil oder Wohnwagen. Der Platz an Bord ist großzügig: ein Wohnwagen oder Wohnmobil bis zu einer Länge von 9 Metern und einem Gewicht von bis zu 2,5 Tonnen für einen Wohnwagen bzw. 4,5 Tonnen für ein Wohnmobil finden auf dem Seecamper Platz.

C 409 **Campingplatz Ecktannen** (S. 188 C4)
Fontanestraße 66,
Waren (Müritz),
Tel. 03991/66 85 13,
camping-ecktannen.de
GPS: 53.49949, 12.66350
Landschaftlich reizvoll, erstreckt sich der Campingplatz auf einer 17 Hektar großen weitläufigen Fläche. Auf dem naturbelassenen, unparzellierten Gelände kann jeder sein Plätzchen zum Erholen aussuchen. Ein idealer Ausgangspunkt, um die Umgebung mit dem Rad, dem Kanu, mit dem Segelboot oder aber auch zu Fuß zu erkunden.

Wohnmobilstellplatz Bootsservice Rick & Rick

Die St.-Marien-Kirche ist die Pfarrkirche der Stadt Usedom.

5

DIE INSEL USEDOM UND POMMERNS KÜSTE

Von den Kaiserbädern über die Bernsteinbäder bis zur Herzogstadt

Usedom zählt zu den beliebtesten Urlaubsinseln an der deutschen Küste. Das 445 Quadratkilometer große Eiland wird vom Peenestrom, dem Greifswalder Bodden und der Ostsee umspült. Hauptattraktionen sind die insgesamt 40 Kilometer langen, feinsandigen und bis zu 70 Meter breiten Strände, die weitgehend unberührte Natur und die exklusiven Seebäder mit ihrer faszinierenden Bäderarchitektur.

Die Verkehrssituation auf Usedom gilt für Bewohner und Urlauber als problematisch, vor allem aufgrund häufiger Staus und fehlender schneller Alternativen im Bereich der Bahn-, Bus-, Fähr- und Flugverbindungen. Deshalb der Vorschlag: Fahren Sie mit dem Wohnmobil einen Campingplatz in der geografischen Mitte der Insel an. Die Touren in Richtung Norden und Süden lassen sich mit dem Rad am besten machen – je nach Kondition an einem oder mehreren Tagen. Das ist sicher der beste Weg, um die Insel von der schönsten Seite kennenzulernen.
Um die Insel stressfrei zu erleben, empfiehlt es sich zum Beispiel, das Wohnmobil für mehrere Tage auf den Naturcamping Hafen Stagnieß in der Nähe von Ückeritz zu stellen. Der Platz liegt direkt am kleinen Naturhafen am Achterwasser. Von dort kann man die Insel mit dem Rad erkunden. Die Radwege sind perfekt ausgebaut und führen an den schönsten Plätzen der Ostseeküste, am Achterwasser oder am Peenestrom entlang.

Das Anklamer Tor in Usedom

ROUTE 5

STARTPUNKT
Usedom

ENDPUNKT
Wolgast

STRECKEN
überwiegend Landstraßen

STRECKENLÄNGE
ca. 100 km

FAHRZEIT
1 Woche

BESTE JAHRESZEIT
März bis November

Start
Stadt Usedom
Zecheriner Brücke
Hubbrücke Karnin
Anklamer Tor
St. Marien-Kirche
Schlossberg
24 km
Ahlbeck

STADT USEDOM

Wer nach Usedom über Anklam anreist und hier der B 110 folgt, stößt direkt hinter der Festlandanbindung im Süden an Zecherin, den berühmten Ortsteil der Stadt Usedom. Die **Zecheriner Brücke**, eine Klappbrücke über den Peenestrom ist neben der Peenebrücke Wolgast eine von zwei Straßenverbindungen auf die Insel Usedom. Zecherin selbst ist von weitläufigen Wiesen und Feldern umgeben und ist bekannt für die Backsteinscheunen, die das Ortsbild prägen. Landwirtschaft und Fischerei spielen hier auch heute noch eine große Rolle.
Die **Hubbrücke Karnin** ist der mittlere Teil der Karniner Brücke, einer ehemals etwa 360 Meter langen Eisenbahnbrücke zwischen dem pommerschen Festland bei Kamp und

der Insel Usedom bei Karnin. Die Überbauten beiderseits des beweglichen Hubteils wurden 1945 von der Wehrmacht zerstört, um die anrückenden sowjetischen Truppen aufzuhalten. Der Hubteil der Brücke steht seit Kriegsende als unverändertes Fragment und als technisches Denkmal mitten im Strom, dem inneren Küstengewässer, das das Stettiner Haff mit dem Peenestrom verbindet.

Die **Stadt Usedom** liegt im südwestlichen Teil der gleichnamigen Insel, im sogenannten Achterland, am Nordwestufer des Usedomer Sees, einer Bucht des Stettiner Haffs. Im Westen und Norden wird das Gebiet der Stadt vom Peenestrom begrenzt. An die 1800 Menschen leben hier dauerhaft, insgesamt 13 Ortsteile gehören zur Stadt.

Von Anklam kommend umfährt die Bundesstraße 110 die Stadt Usedom. Gegenüber vom Gewerbegebiet gibt es große, kostenlose Parkplätze. Von hier aus führt ein Fußweg in wenigen Minuten direkt zum Marktplatz. Einen weiteren gebührenfreien Parkplatz direkt in der Altstadt gibt es in der Goethe-

Innenansicht der St.-Marien-Kirche, einer dreischiffigen Hallenkirche im spätgotischen Stil

straße 12, nicht weit vom Anklamer Tor und dem Marktplatz entfernt.

Die Stadt betritt man durch das **Anklamer Tor**, einen beeindruckenden Bau und Bestandteil der ehemaligen mittelalterlichen Wehranlage der Stadt. Hier befindet sich die Usedomer Heimatstube, wo man sich in einer Dauerausstellung über das frühere Leben auf der Insel und in der Stadt Usedom informieren kann.

Die Gegend ist seit der Jungsteinzeit besiedelt. Seit dem 10. Jahrhundert stand auf dem knapp zehn Meter hohen Schlossberg am östlichen Rand der Stadt eine slawische Burgsiedlung. Die »urbs Osna« wurde um 1115/1119 von den Dänen unter König Niels zerstört. Die Burg Usedom wurde erstmals 1140 urkundlich genannt, zeitgleich entstand eine planmäßige Stadt mit Markt. Bis zur Mitte des 13. Jahrhunderts war der Ort Usedom eine der Hauptresidenzen der Herzöge von Pommern.

Das **Fischrestaurant Peene-Idyll** an der Zecheriner Brücke 4 (Tel. 038372/708 32, peene-idyll.de) lädt zu Mecklenburger Küche nach Hausmannsart mit frischem Fisch und Ausblick auf den Peenestrom.

Das **Restaurant Alter Hof** in der Swinemünder Straße 68 (Tel. 038372/77 94 68, alter-hof-usedom.de) überzeugt mit frischen Speisen aus lokaler Herkunft, die auf schonende Art und Weise zubereitet werden.

Die erstmals 1337 erwähnte **St.-Marien-Kirche** ist die einzige erhaltene Pfarrkirche der Stadt Usedom. 1475 wurde sie bei einem Stadtbrand zerstört. Die Nordmauer des Langhauses, der Unterbau des Turmes sowie die Form der Fenster im Hauptschiff stammen von dem zum Ende des 15. Jahrhunderts errichteten vierjochigen Backstein-Neubau. Der Turm erhielt 1673 einen oktogonalen Pyramidenhelm. Turm und Altarraum erhielten in den Jahren 1891 bis 1893 ihre heutige Gestalt.

Die spätgotische **Dorfkirche** im Usedomer Ortsteil **Mönchow** stammt aus dem 15. Jahrhundert. Der Chor hatte, wie Reste alter Fundamente zeigen, ursprünglich eine runde

Das Seeheilbad Ahlbeck gehört zu den beliebtesten Bädern an der Ostsee.

Form. Der heutige gerade Chorabschluss mit drei Segmentbogenfenstern wurde Ende des 16. Jahrhunderts eingerichtet.

KAISERBAD AHLBECK

An der längsten Seepromenade Europas entlang der weißen Ostseeküste von Usedom reihen sich die drei Seeheilbäder Ahlbeck, Heringsdorf und Bansin aneinander. Die Zeit, in der Adel und Bankiers, Künstlergrößen wie Maxim Gorki, Theodor Fontane, Leo Tolstoi, Kurt Tucholsky oder die Gebrüder Heinrich und Thomas Mann sowie andere illustre Gäste zur Sommerfrische in Usedoms Seebadtrio weilten, ist zwar Geschichte. Etwas von ihrem Glanz ist aber in der einzigartigen Bäderarchitektur erhalten geblieben. Die mit Säulen, Balkonen, Balustraden und vielen filigranen Schmuckelementen reich verzierten Bauten zählen heute zum weltweit größten zusammenhängenden Ensemble erhaltener Bäderarchitektur. Übrigens war auch die kaiserliche Familie oft Gast in den Kaiserbädern – daher der Name – und logierte dabei meist im Weißen Schloss auf dem Kulmberg. Alle drei Seebäder bieten zahlreiche Möglichkeiten für aktive Erholung, Sportliebhaber; Naturfreunde und Familien kommen gleichermaßen auf ihre Kosten.

Das **Seeheilbad Ahlbeck** gehört zu den beliebtesten Bädern an der Ostsee. Schon Österreichs Kaiser Franz Joseph I. hat einst hier im Hotel Ahlbecker Hof übernachtet.

Die **Kirche in Ahlbeck** mit dem markanten, schiefergedeckten Turm ist ein weithin sichtbares Gotteshaus, das im Stil des Historismus und mit Elementen der Neugotik aus Backstein errichtet und 1895 eingeweiht wurde.

Das Wahrzeichen von Ahlbeck ist die **Seebrücke**, ein beeindruckender Bau, der sich bis heute seinen historischen Charme bewahrt hat. Erbaut wurde sie im Jahr 1898. Sie ist somit die älteste Seebrücke Deutschlands. Schon damals reichte der Steg mit einer Länge von 280 Meter ins Meer hinein.

1930 bekam die Seebrücke ein Holzdach und damit ihre heutige Gestalt. Im Winter 1941/42 wurde der Steg von Eismassen zerstört und nicht wieder aufgebaut. 1970 bis 1973 tauschte man die hölzernen Träger gegen die noch heute vorhandenen Stahlträger aus und sicherte so den Erhalt der Brücke. Jedes Jahr im Februar treffen sich hier einige hundert Schwimmer und treten zum bekannten Eisbaden an.

Die breite und elegante **Strandpromenade** entlang der Ostseeküste ist ebenfalls eine Sehenswürdigkeit von Ahlbeck. Der Promenadenabschnitt von Ahlbeck besticht durch liebevoll und aufwendig angelegte und gepflegte Grünanlagen und durch eine malerische Kulisse stilvoller Villen, in denen kleine Geschäfte und Gaststätten zum Stöbern, Kaufen und Verweilen einladen. In der **Konzertmuschel** an der Strandpromenade, unmittelbar neben dem Zugang zur Seebrücke, finden regelmäßig Musikveranstaltungen statt. Entlang der Promenade kann man auch den Kaiserbäderexpress im Stil einer Tschu-Tschu-Bahn besteigen und den Ort aus einer ganz anderen Perspektive besichtigen.

Der **Lyonel-Feininger-Rundweg** auf der Insel Usedom verbindet 80 künstlerische Motive an insgesamt 40 Stationen auf einer Gesamtlänge von 56 Kilometern. Der deutsch-amerikanische Maler war leidenschaftlicher Radfahrer. Von 1908 bis 1912 erkundete er Usedom auf seinem Cleveland Ohio Rad und suchte stets nach neuen Motiven. Die 2009 eröffnete Rundtour führt über Mellenthin, Balm, Neppermin, Benz, Sallenthin, Bansin, Heringsdorf, Ahlbeck, Swinemünde, Zirchow, Korswandt, Gothen

↑ Die 56 Kilometer lange Feininger Radtour
↓ Das Grand Hotel Ahlbeckerhof

Ahlbeck
Seebrücke
Strandpromenade
Konzertmuschel
Kaiserbäderexpress
Kirche
»Polenmarkt«
Feininger Radtour
3,5 km
Heringsdorf

SPECIAL

AM »POLENMARKT«

Die Einkaufsmeile links der Hauptstraße ins Zentrum von Swinoujscie ist ein beliebter Ausflugsort für Gäste, die stöbern, handeln und preiswert einkaufen möchten. Der Markt, der direkt am Grenzübergang von Ahlbeck nach Polen beginnt, wird im Volksmund »Polenmarkt« genannt und bietet alles, was das Herz begehrt – vor allem preisgünstig, wenn auch nicht immer in gewohnter Qualität. Es gibt auch landestypische Produkte wie Wurst und Käse oder Süßigkeiten. Kioske bieten schmackhaft-deftige Kost an.

Heringsdorf wird auch als »Villenviertel Usedoms« bezeichnet.

und Neuhof. Weiß-blaue Schilder weisen den Radlern und Kunstliebhabern den Weg auf den Spuren Feiningers. Die einzelnen Malorte sind mit Bronzeplatten markiert.

KAISERBAD HERINGSDORF

Das **Kaiserbad Heringsdorf** ist eines der berühmtesten Seebäder von Usedom und wird auch als »Villenviertel Usedoms« bezeichnet. Das **Weiße Schloss** ist das älteste Gebäude in Heringsdorf. Das heute als Hotel und Restaurant genutzte Haus befindet sich in der Rudolf-Breitscheid-Straße 3 und steht unter Denkmalschutz. 1866 wohnte hier Kronprinzessin Victoria von Preußen mit ihren Söhnen Wilhelm und Heinrich. Anfang der 1920er-Jahre verbrachte Kurt Tucholsky zweimal seine Ferien im Haus. Zu DDR-Zeiten war das Haus zeitweise Ferienheim des Zentrakomitees der SED. Dem Namen entsprechend ist die gesamte Fassade weiß gestrichen. Umgeben ist das Haus von einem Park mit Eichen und Buchen.

Ein besonderes Highlight ist auch die **Villa Irmgard** in der Maxim-Gorki-Straße 13, die heute eine Gedenkstätte für den russischen Schriftsteller Maxim Gorki beherbergt. Dieser kam im Jahr 1922 aus Berlin hierher, um sich von seiner Tuberkuloseerkrankung zu erholen. Seine damaligen Wohn- und Arbeitsräume sind noch zeitgenössisch eingerichtet und zeigen zum Teil originales Mobiliar aus der Zeit. Zu sehen gibt es hier zudem wechselnde Kunstausstellungen, Konzerte oder Theateraufführungen.

Mit 508 Metern Länge hat Heringsdorf die **längste Seebrücke Deutschlands**. Bereits der Vorgänger der heutigen Brücke, die nach dem Kaiser benannte Kaiser-Wilhelm-Brücke aus dem Jahr 1891, war in jener Zeit die größte Brücke Deutschlands. 1957 wurde sie durch Brandstiftung zerstört. Heute erinnern nur noch einige Holzstümpfe an den

SPECIAL

MUSCHELMUSEUM

Als erstes Privatmuseum des Landes Mecklenburg-Vorpommern zeigt das Muschelmuseum der Heringsdorfer Seebrücke seit 1990 rund 3000 Exponate aus der faszinierenden Welt der Muscheln, Perlen, Korallen, Schnecken und Bernsteine. Größtes Exponat der Ausstellung ist eine Riesenmuschel mit 75 Zentimetern Länge und 95 Kilogramm Gewicht. Im Museumsladen werden maritime Souvenirs wie Buddelschiffe und Schiffsmodelle zum Verkauf angeboten. Das Museum ist ganzjährig geöffnet.

hölzernen Bau. Seit 1995 flanieren Einheimische und Gäste stolz über die neue Seebrücke.
Ein lustiges Muss ist ein Ausflug zum **größten Strandkorb der Welt**. Der XXL Strandkorb steht zwischen der Konzertmuschel und der Seebrücke und ist allein schon beeindruckend, wenn man vor ihm steht. Und erst recht, wenn die ganze Familie darin Platz genommen hat! Mit einer Breite von sechs Metern, einer Höhe von vier Metern und einer Tiefe von drei Metern darf es auch eine größere Familie sein. Der größte Strandkorb der Welt ist eines der beliebtesten Fotomotive von Heringsdorf.
Heringsdorf bekam 1970 ein markantes Gebäude: einen **Kunstpavillon** mit 52 Metern Umfang und 4,60 Metern Höhe. Der vom Usedomer Kunstverein betriebene und unter Denkmalschutz stehende Pavillon dient als Ausstellungsdomizil für Malerei, Grafik und Plastik von Künstlern aus ganz Deutschland.
Der **Kaiserbädersaal** im Maritim Hotel Kaiserhof, direkt an der Promenade im Zentrum Heringsdorfs, beeindruckt mit seinem gläsernen Forum. Hier wird zu Tagungen, Konzerten, Lesungen, Musicals und Varietés eingeladen.

Heringsdorf
Bäderarchitektur
Seebrücke
Strandpromenade
Weißes Schloss
Villa Irmgard
Längste Seebrücke
Größter Strandkorb
Kunstpavillon
Kaiserbädersaal
Muschelmuseum
2,5 km
Bansin

KAISERBAD BANSIN

Das **Kaiserbad Bansin** wird vom Schloonsee, dem Gothensee sowie dem großen und kleinen Krebssee eingerahmt. Raue und natürliche Schönheit geht hier Hand in Hand mit einem Ostseestrand, der mit seinem weißen Sand an die Karibik erinnert.

In Heringsdorf steht die längste Seebrücke Deutschlands.

An jeder Ecke stößt man auch in Bansin auf die Bäderarchitektur, welche Adel und gehobenes Bürgertum im 19. und 20. Jahrhundert geschaffen haben. Zahlreiche der damals erbauten Villen wurden inzwischen restauriert und erstrahlen in altem Glanz. Sie zieren vor allem die Strandpromenade des Seebads und die parallel dazu verlaufende Bergstraße.
Die Seebrücke Bansin, ein charmanter Holzsteg ganz ohne Land- und Brückengebäude, Restaurant und Geschäft, hat eine Länge von 285 Metern. Sie schmückt den Strandbereich des kleinsten Kaiserbades seit 1994. Hier legen die Adler-Schiffe ab, mit denen man vom Wasser aus die weißen Villen von Bansin, Heringsdorf und Ahlbeck bewundern kann.
Das ehemalige Feuerwehrhaus an der Bansiner Waldstraße wurde im Jahr 2000

↑ Im Kaiser- und Seebad Bansin
↓ Villenviertel in Bansin

als Literaturhaus für den preisgekrönten Schriftsteller **Hans Werner Richter** eröffnet. Im Haus sind das Arbeitszimmer und die Bibliothek Richters zu besichtigen, die seine Witwe nach dessen Tod 1993 der Gemeinde Bansin vermachte. Zur Exposition gehören Ausstellungsstücke, die an Richter als Initiator und Kopf der »Gruppe 47«, eine der wichtigsten Schriftstellergruppierungen der Nachkriegszeit, erinnern. Im Literaturhaus finden im »Günter-Grass-Zimmer«, in dem sich Original-Grafiken des Literatur-Nobelpreisträgers befinden, regelmäßige Lesungen statt. Eine kleine Ausstellung erinnert auch an die in Ahlbeck geborene Publizistin Carola Stern.
Das **Café Asgard** an der Strandpromenade 15 (Tel. 038378/294 88, asgard-cafe.de) wurde 1898 eröffnet und ist das älteste Café, das heute noch auf der Insel Usedom zu finden ist. Es ist in einem urigen Holzhaus untergebracht, Kaffee und Torten gelten als legendär. In eine schöne Lounge mit der längsten Abendsonne und den besten Cocktails lädt das **Restaurant Meerzeit** an der Strandpromenade 25 (Tel. 038378/772 50, meerzeit-usedom.de).
Ein kurzer Spaziergang durch den Bansiner Wald führt zur kleinen **Waldkirche** aus dem Jahr 1939. Die Kirche liegt am westlichen Ortsrand und ist die zweitjüngste evangelische Kirche auf Usedom. Der schlichte Saalbau mit einem ziegelgedeckten Schiff und hohem, schlanken Turm wurde nach dem Vorbild der heute nicht mehr existierenden Swinemünder Kreuzkirche erbaut. Sehenswert sind die schmalen, hohen Buntglasfenster mit Motiven der Evangelisten und Martin Luthers sowie das geschnitzte Altarkreuz.
Einen Ausflug ist auch der idyllische **Schloonsee** wert. Das Gewässer hat eine Länge von 750 Metern und eignet sich zum Angeln und Spaziergehen. Die neu gestaltete Schloonseepromenade lädt zum Schlendern

Ückeritz gehört zu den sogenannten Bernsteinbädern auf Usedom.

ein. Sie führt von der Sonnenpiazza am Parkplatz bis zur hölzernen Aussichtsplattform in der Badstraße.

BERNSTEINBAD ÜCKERITZ

Das zwischen Koserow und Heringsdorf gelegene Seebad **Ückeritz** gehört zu den sogenannten Bernsteinbädern auf Usedom.
Es hebt sich vom Glanz und Trubel der Kaiserbäder wohltuend ab und überzeugt als authentischer und natürlicher Badeort in der Tradition des einstigen Fischer- und Bauerndorfes.
Ückeritz, das waldreichste Seebad der Insel Usedom, wird nur durch einen schmalen Streifen dort getrennt, wo Achterwasser und Ostsee fast aufeinandertreffen. Wald und Wiesen umgeben den Ort, der einen reizvollen Wechsel von Steilküste und Flachküste sowie malerische Ausblicke auf eine unverwechselbare Natur bietet. Am Achterwasser befindet sich der historische Kern des Ortes, in dem man zahlreiche alte Fischerkaten entdecken kann.
Ückeritz ist auch als Künstlerort bekannt. Als Inspirationsquelle und kreativer Rückzugsort fanden viele namhafte Künstler im Ostseebad ein ideales Refugium.
Der 50 Hektar große **Wockninsee** liegt östlich von Ückeritz. Der See wurde 1958 zum Naturschutzgebiet erklärt, um den verlandenden See mit seinen Schwingmoorbereichen zu schützen. Am See befindet sich ein knapp drei Kilometer langer **Naturlehrpfad**, der am Bahnhof Seebad Ückeritz beginnt. Entlang des Lehrpfades informieren Schautafeln über die einzigartige Flora und Fauna des Gebietes.
An den Rändern des bis zu zwei Meter tiefen Sees befinden sich Übergangsmoore, in

Bansin
Seebrücke Bansin
Seepromenade
Hans Werner Richter-Haus
Waldkirche
Schloonsee

9 km

Ückeritz
Künstlerort
Naturlehrpfad
Wockninsee
Gesteinsgarten
Pudagla

4 km

Loddin-Kölpinsee

↑ Auf dem Weg zum Strand in Ückeritz
↓ Wanderweg rund um den Kölpinsee

GESTEINSGARTEN PUDAGLA

Am Forstamt Neu Pudagla befindet sich einer der bekanntesten Gesteins- und Geschiebegärten Norddeutschlands. Hier werden etwa 140 Geschiebe gezeigt, deren Ursprung bis an das Ende der letzten Eiszeit vor 13 000 Jahren zurückgeht. Die einzelnen Findlinge, die bis zu 1000 Kilometer von Finnland und Südschweden zurückgelegt haben, werden auf Informationstafeln ausführlich erläutert. Ein besonders attraktives Exponat ist der sogenannte Nexösandstein mit zahlreichen Spuren seiner langen Wanderschaft. Der älteste Stein wird auf über zwei Milliarden Jahre geschätzt. Der schwerste Koloss wiegt etwa sieben Tonnen.

denen Erlen, Kiefern und Birken wachsen. Seewärts geht das Übergangsmoor in baumfreies Schwingmoor über. Ein hölzerner Aussichtspunkt im Nordosten des Lehrpfades ermöglicht einen guten Überblick über den See und die angrenzenden Areale.

SEEBAD LODDIN-KÖLPINSEE

Auf der Landenge etwa auf halber Höhe zwischen Ückeritz und Koserow liegt das Seebad **Loddin-Kölpinsee**. Die landschaftlich reizvolle Lage des Ortes und seiner Ortsteile Kölpinsee und Stubbenfelde verspricht vor allem viel Natur und Ruhe abseits vom Trubel. Loddin bietet all das, was Naturliebhaber und Ruhesuchende brauchen und erwarten.

Ein Spaziergang durch das historische Fischerdorf mit seinen reetgedeckten Katen lohnt sich ebenso wie eine Wanderung zur Loddiner Höft an der Spitze der Landzunge im Achterwasser. Im Ortsteil Stubbenfelde führt vom Aussichtspunkt Teufelsberg an der Steilküste eine Treppe hinab zum Strand an der Ostsee.

Kölpinsee ist der bekannteste Ortsteil der Gemeinde Loddin und befindet sich auf der Ostseeseite. Der Kölpinsee selbst ist Heimat von zahlreichen Wasservögeln und wird durch hohes Schilf eingerahmt. Der See lässt sich auf einem Wanderweg umrunden. Mit einer Länge von 3,5 Kilometern ist er ideal für einen kleinen Spaziergang.

Auch die Gastronomie hat in Loddin einiges zu bieten und tischt vor allem maritime Köstlichkeiten in vielen schmackhaften Variationen auf. Für seine vorzügliche Fischküche ist das **Fisch- und Grillrestaurant Waterblick** Am Mühlenberg 15 (Tel. 038375/202 94, waterblick.de) bekannt.

Der Naturhafen im Seebad Loddin

OSTSEEBAD KOSEROW

Koserow liegt in der Mitte zwischen Karlshagen und Ahlbeck an der schmalsten Stelle der Insel Usedom, zwischen Ostsee und Achterwasser. Der Streckelsberg ist mit seinen 58 Metern Höhe die höchste Erhebung der Insel. Von seinem Steilufer aus bietet sich dem Betrachter ein wunderschöner Blick aufs Meer.

Koserow wurde erstmals im Jahre 1347 als Cuzerowe erwähnt und ist eine der ältesten Siedlungen auf Usedom. Vor der Küste von Koserow soll einst die sagenhafte Stadt Vineta gelegen haben. Auch der gefürchtete Seeräuber Klaus Störtebeker soll in den Höhlen des Streckelsberges einst seinen Schlupfwinkel gehabt haben. Die Koserower Kirche, die bereits Ende des 13. Jahrhunderts als Feldsteinkirche erbaut wurde, ist die älteste Kirche an der Usedomer Ostseeküste.

Loddin-Kölpinsee
Loddiner Höft
Aussichtspunkt
Teufelsberg
Kölpinsee
3 km
Koserow
Streckelsberg
Koserower
Salzhütten
Seebrücke
5 km
Zempin

Das Gebiet zwischen Koserow und Zempin, mit nur 300 Meter Land zwischen Ostsee und Achterwasser, war über die Jahrhunderte immer wieder von der Gewalt des Wassers bedroht. Im November 1872 erlebte die Insel eine verheerende Sturmflut mit Wasserständen bis 3 Meter über Normal. Mit ähnlicher Kraft wüteten Stürme in den folgenden Jahren und Jahrzehnten.

Die **Koserower Salzhütten** wurden um 1820 im Zuge einer von der königlichen Regierung angeregten Maßnahme zur Förderung der Strandfischerei errichtet. Sie dienten anfangs als Verschlusslager für steuerfreies, vom Staat geliefertes Steinsalz. Während der Heringsfangzeit wurde in diesen Hütten der

↑ Koserow wartet mit der kürzesten Seebrücke der Insel auf. ↓ Auf dem Radweg entlang der Uferpromenade in Zempin

Hering unter staatlicher Aufsicht gesalzen und verpackt. Heute werden die Hütten zum Teil noch von den ansässigen Fischern genutzt. Es gibt auch eine Gaststätte sowie ein Souvenirgeschäft.
Koserow wartet mit der **kürzesten Seebrücke** der Insel auf. 261 Meter misst die 1993 errichtete hölzerne Brücke. Seit dem Jahr 2006 präsentiert sich Koserow zusammen mit seinen Nachbargemeinden Zempin, Loddin und Ückeritz unter dem Titel »Usedomer Bernsteinbäder«.

↑ Die Seepromenade in Koserow
↓ Rasthaus am Radweg in Zempin

SEEBAD ZEMPIN

Zempin ist das kleinste Seebad auf Usedom und liegt ebenfalls an der schmalsten Stelle der Insel an der Landenge zwischen Ostsee und Achterwasser. Als Seebad wurde Zempin 1996 eingestuft. Am Griepow, einem Dünenhügel im Osten der Gemeinde, befindet sich eine moderne Ferienanlage mit Hotels und gastronomischen Einrichtungen. Im Bereich von Zempin, der zum Achterwasser führt und den man von der Ostsee kommend auf einem ausgeschilderten Wanderweg erreichen kann, befinden sich zahlreiche sehenswerte Reetdachhäuser.
Einen Besuch wert ist das Vereinshaus »Uns olle Schaul« mit einer Fischereiausstellung und einem detailgetreu nachgestalteten Kolonialwarengeschäft. Das in Richtung Koserow gelegene ehemalige Wohnhaus und Atelier des Malers Otto Niemeyer-Holstein in Lüttenort lädt zum Bestaunen der Werke des Meisters und seines ehemaligen Anwesens ein.
An den feinsandigen, etwa 50 Meter breiten Strand von Zempin gelangt man durch einen Kiefernwald, ein entspannendes Wanderareal. Im knapp drei Kilometer langen Strandabschnitt sind auch Bereiche für FKK und Hunde eingerichtet.

VIELSEITIGES ZINNOWITZ

Im Norden von Usedom schmiegt sich an der Pommerschen Bucht **Zinnowitz** an eine Landzunge, die zwischen dem Achterwasser und der Ostsee liegt. Das Ostseebad ist heute als mondäner Urlaubsort genauso bekannt wie für seine wundervolle Bäderarchitektur. Wie in den Kaiserbädern Heringsdorf, Ahlbeck und Bansin scheint jedes Haus ein Unikat zu sein: Die Balkone haben verzierte Gitter, die Eingänge werden durch Marmorsäulen gesäumt, die Häuser sind mit Ornamenten und Zinnen versehen. Vor allem auf der Strandpromenade, der Flaniermeile der Stadt, kommt die Zinnowitzer Bäderarchitektur gut zur Geltung.
Hier laden zahlreiche kleine Geschäfte und Restaurants zum Verweilen und Stöbern ein.
Als klassischer Urlaubsort auf Usedom ist das einstige

Zempin
Reetdachhäuser
Vereinshaus »Uns olle Schaul«
Otto Niemeyer-Holstein in Lüttenort
4 km
Zinnowitz

Seebrücke und Tauchgondel in Zinnowitz

SPECIAL

ZINNOWITZER SEEBRÜCKE

Die Seebrücke von Zinnowitz – auch als »Vineta-Brücke« bekannt – wurde 1993 erbaut. Die alte Seebrücke wurde 1942 durch starken Eisgang zerstört. Die zweitlängste der fünf Usedomer Seebrücken ist 315 Meter lang und hat eine Zwischen- und eine Endplattform. Dort befindet sich als besondere Attraktion eine Tauchgondel, mit der 24 Besucher ganz langsam viereinhalb Meter unter die Wasseroberfläche in die Ostsee abtauchen und die Geheimnisse der Usedomer Küste erleben können. Neben der einheimischen Unterwasserwelt werden den Gästen mit 3-D-Kinofilmen tiefere Einblicke ins Meer und das Leben seiner Bewohner gewährt.

Fischerdorf heute Ziel von Familien, Aktivurlaubern und Ruhesuchenden. Wellness, Wassersport und Natur pur – es gibt vieles zu entdecken. Der berühmte Sport-Jetstrand lädt ein, Jet-Ski oder ein Jet-Ski-Flyboard zu testen. Auch mit einer Tauchausrüstung können sich Gäste in die Fluten stürzen. Ein Ausflug zum Achterwasser mit einer Pause am Wasserwanderrastplatz und einem kleinen Picknick führt durch traumhafte Landschaften. In der Bernsteintherme kann man wunderbar entspannen und sich im Meerwasserhallenbad und im Thermalbad mit heilsamer Sole treiben lassen. Die Therme hat einen eigenen Strandzugang. Lange Strandspaziergänge auf dem kilometerlangen feinen Sandstrand sind bei einer frischen Brise Meeresluft besonders wohltuend und erholsam.
Im Sommer ist in Zinnowitz Festspielzeit angesagt. Im Theater Blechbüchse werden

Beeindruckende Bäderarchitektur am Strand von Zinnowitz

Konzertmuschel an der Strandpromenade in Trassenheide

ganzjährig zusätzlich zum eigenen Angebot auch viele Gastspiele von berühmten Schriftstellern und Musikern aufgeführt. Ein besonderes Highlight sind die alljährlich im Sommer stattfindenden Open Air Vineta-Festspiele, welche die Geschichte der versunkenden Stadt Vineta in einer jährlich neuen Inszenierung vorstellen.

Im verrückten **Bügeleisenmuseum** in der Ahlbecker Straße 30 werden neben 3000 einmaligen Exponaten an Bügeleisen auch etwa 1200 historische Glasobjekte gezeigt. Der Shop führt eine Vielzahl an Geschenk- und Souvenirartikeln.

OSTSEEBAD TRASSENHEIDE

Zwischen Zinnowitz und Karlshagen liegt **Trassenheide** im Usedomer Norden. Das Ostseebad steht für Erlebnis- und Erholungsurlaub gleichermaßen. Eine abwechslungsreiche, originell gestaltete Strandpromenade sorgt für eine perfekte Mischung aus Strand- und Entdeckerurlaub. Die Strandpromenade nimmt mit abwechselnden Ruhezonen und Spielmöglichkeiten besonders auf die Bedürfnisse von Familien Rücksicht. Abwechslung bieten die Veranstaltungsprogramme in der Konzertmuschel an der Strandpromenade oder im Haus des Gastes.

Trassenheide lädt mit einem herrlichen Strand und flachem Wasserbereich zum Spielen und Baden ein. Der feine Sandstrand ist 3,9 Kilometer lang. Er hat einen ausgedehnten Flachwasserbereich sowie 27 Strandzugänge, zwei davon sind barrierefrei. Strandrollstühle können beim Wasserrettungsdienst ausgeliehen werden.

Das erste auf dem Kopf stehende Haus und eines der meistfotografierten Häuser Deutschlands steht in Trassenheide im Wiesenweg 2c. Schon von Weitem glauben sich die Besucher von **Welt steht Kopf** im Märchen, denn das hellblaue Haus ist in der flachen Landschaft der Ostseeinsel absolut skurril anzusehen. Betritt der Besucher dann

Das Ostseebad Karlshagen gilt als Urlaubsparadies für Familien und Kinder.

die verrückte Auf-dem-Kopf-Welt – natürlich durch das Dach –, wird er sich bald wie eine Fliege an der Stubendecke fühlen: Von der Couch im Wohnzimmer über die gesamte Kücheneinrichtung bis hin zu Waschbecken und Toilette im Badezimmer, alles befindet sich nicht, wie wir es kennen, auf dem Boden, sondern wurde an der Zimmerdecke montiert.

Die Schmetterlingsfarm in Trassenheide

Wenige Meter entfernt gibt es Action, Wildnis und Abenteuer für alle Sinne im **Wildlife Usedom** zu erleben – eine Mitmach- und Er-

SPECIAL

SCHMETTERLINGE UND WACHSFIGUREN

In Europas größter Schmetterlingsfarm im Wiesenweg 5 in Trassenheide kann man sehen, wie ein Schmetterling in den schönsten Farben aus dem Kokon schlüpft und zum Flug ansetzt. Der Schmetterlingszoo mit seinem naturnahen Biotop und tropischen Klima beherbergt auf einer Fläche von 5000 Quadratmetern an die 2500 tropische Schmetterlinge mit bis zu 60 verschiedenen Arten (schmetterlingsfarm.de). Wer schon immer mal mit den Stars aus Funk- und Fernsehen zusammen posieren wollte, ist in der Wachsfiguren-Ausstellung gleich nebenan im Wiesenweg 3 an der richtigen Adresse.

lebnisausstellung für die ganze Familie mit Natur zum Anfassen. Im Familien Wellness Hotel Seeklause ist auf einer Fläche von 13 000 Quadratmetern ein abwechslungsreicher Spiel- und Erlebnispark für Schiffsjungen, Kapitäne und Abenteurer entstanden.

OSTSEEBAD KARLSHAGEN

Das 3000 Einwohner zählende **Ostseebad Karlshagen**, zwischen Trassenheide und Peenemünde gelegen, lockt mit zahlreichen Angeboten für Urlauber, die es nicht nur ruhig angehen lassen möchten, sowie für Familien und Kinder. Gäste freuen sich auf einen über 1200 Meter langen und bis zu 80 Meter breiten, feinsandigen Strand. Wärmere Wassertemperaturen als anderswo an der Ostsee bieten beste Voraussetzungen für einen Badeurlaub. Denn hier wird das flache Wasser auf den ersten 100 Metern durch die Sonne gut vorgewärmt.

Karlshagen wurde von 1939 bis 1945 in das Sperrgebiet der Heeresversuchsanstalt Peenemünde einbezogen, auf dessen Areal sich auch drei Gefangenenlager befanden. Während des Zweiten Weltkrieges wurde der Ort mehrfach bei Luftangriffen zerstört. Heute befindet sich am Ortsausgang in Richtung Trassenheide eine Mahn- und Gedenkstätte für die Opfer des nationalsozialistischen Terrors. Zu DDR-Zeiten war ein großer Teil im Nordwesten von Karlshagen ebenfalls militärisches Sperrgebiet. Im Südosten befand sich eines der größten zentralen Kinderferienlager der DDR.

Die **Strandpromenade** in Karlshagen verläuft parallel zur Dünen- und Zeltplatzstraße und ist größtenteils von Bäumen gesäumt. Im sanierten Teil der Promenade befinden sich kleine Geschäfte, Ruhebänke und Spielmöglichkeiten für Kinder. Die Promenade führt auf direktem Weg ins benachbarte Trassenheide und nach Zinnowitz.

Action am Strand von Karlshagen

Die Konzertmuschel in Karlshagen befindet sich unmittelbar an der Strandpromenade und ist beliebter Treffpunkt für Veranstaltungen verschiedenster Art. In der Konzertmuschel finden Musikveranstaltungen und auf dem Platz davor kleine und größere Feste wie das Seebad- und das Hafenfest statt. Der Platz vor der Konzertmuschel ist in Form eines Rondells gestaltet und mit Sitzmöglichkeiten ausgestattet.

Karlshagen gilt als besonderes **Urlaubsparadies für Familien** – jeder fünfte Gast im Ostseebad ist Kind oder Teenager. Von Lesestunden am Strand über Action als Strandforscher bis hin zu gemeinsamem Bastelspaß und einem bunten Bühnenprogramm ist so einiges an Animation geboten. In der Strandpause lohnt sich ein Besuch in Karlchens Zauberwald – einem großen Spielplatz hinter den Dünen mitten im schattigen Kiefernwald. Im Lesebaum am Strand findet sich Strandlektüre für die ganze Familie. Der wohl prominenteste Einwohner des Ostseebades, das Maskottchen Karlchen, begegnet Urlaubern überall im Ort und hilft auf Schildern, Wegweisern und Plakaten dort weiter, wo Informationen benötigt werden.

Sonnenanbeterin in Karlshagen

SPECIAL

KUSSHALTESTELLE

»Bitte küssen!« heißt die freundliche Einladung in Karlshagen: Hier darf nicht nur, hier sollte geküsst werden: an den neuen Kusshaltestellen in Karlshagen. Gleich drei gibt es davon im Seebad, das gerne mit »Liebe auf den ersten Ostseeblick« wirbt – am Haus des Gastes, auf der Promenade und an der Dünencamp-Rezeption. Auf einen Bus wartet man an der Haltestelle vergebens. Warum auch, denn Küssen nach einem Zeitplan funktioniert nun mal nicht.

Der **Yachthafen Karlshagen** hat sich mit seinen 117 Liegeplätzen zu einem der größten Anlegeplätze der Insel gemausert. Vom Hafen aus kann man zur benachbarten Insel Oie ablegen oder zu einem Segeltörn auf dem Peenestrom und ins Achterwasser starten. Seeluft macht hungrig, und so ist ein Brötchen mit fangfrischem Fisch am Yachthafen danach ein noch größerer Genuss.
Karlshagen liegt im Bereich der Mündung des Peenestroms in den Greifswalder Bodden. Dieses Gebiet zählt zu den besten deutschen **Angelrevieren**. Die Vermischung von Salz- und Süßwasser verspricht eine bunte Mischung der Arten und lässt einige zu wahren Riesen wachsen. Boote – auch mit Angelführer – können im nahe gelegenen Wolgast ausgeliehen werden. Vom Hafen Peenemünde aus sind Angelfahrten in den Bodden und die Ostsee machbar.
Regionales frisch zubereitet gibt es in **Peters Restaurant** in der Strandpromenade 8 (Tel. 0173/953 80 83, peters-restaurant-karlshagen.de). Geräucherten und frischen Fisch, Matjes in verschiedensten Variationen, leckere Fischbrötchen und vieles mehr serviert **Ehmke's Fischhandel** direkt am Hafen von Karlshagen (Tel. 038371/557 47).
Ein ehemaliges Ferienhaus der Nationalen Volksarmee der DDR ist seit 1993 Domizil des **Naturschutzzentrums** in Karlshagen. In verschiedenen Ausstellungsbereichen wird anschaulich über die Flora und Fauna der Insel und ihrer Naturschutzgebiete informiert. Darüber hinaus kann man sich in dem Haus über zeitgemäße Umwelttechnologien informieren. Das Naturschutzzentrum ist zudem Startpunkt für Wanderungen.

PEENEMÜNDE

Dort, wo der Peenestrom in die Ostsee fließt, liegt **Peenemünde**. Das einstige Fischerdorf ist die am nördlichsten gelegene Gemeinde

Freigelände im Historisch-Technischen Museum in Peenemünde

der Insel Usedom. Der Ort wurde in einer Urkunde des Herzogs Bogislaw IV. im Jahr 1282 an die Stadt Wolgast verschenkt und damit erstmals urkundlich erwähnt.

Ab 1936 erlangte der Ort unrühmliche Bedeutung durch das größte Rüstungsprojekt des Dritten Reichs. Die Nationalsozialisten ließen hier die Heeresversuchsanstalt Peenemünde-Ost und die Erprobungsstelle der Luftwaffe Peenemünde-West zur Entwicklung von Großraketen für militärische Zwecke errichten, zu der ab 1943 auch ein KZ-Außenlager gehörte. Das gesamte Gebiet am Peenemünder Haken wurde der Wehrmacht unterstellt, die Zivilbevölkerung ausgesiedelt. Im Oktober 1942 gelang von hier aus der erste Start einer mit Flüssigbrennstoff betriebenen Rakete ins All, der sogenannten Wunder- und Vergeltungswaffe 2 (V2).

Auch nach dem Zweiten Weltkrieg wurde das Gebiet um Peenemünde weitgehend militärisch genutzt, der Truppenstandort wurde erst 1993 aufgelöst.

Die Versuchsanstalten Peenemünde waren von 1936 bis 1945 das größte militärische Forschungszentrum Europas. Auf einer Fläche von 25 Quadratkilometern arbeiteten bis zu 12 000 Menschen gleichzeitig an neuartigen Waffensystemen, wie etwa dem weltweit ersten Marschflugkörper und der ersten funktionierenden Großrakete. Beide wurden als Terrorwaffen gegen die Zivilbevölkerung konzipiert, größtenteils von Zwangsarbeitern gefertigt und kamen ab 1944 zum Einsatz im Zweiten Weltkrieg.

Das **Historisch-Technische Museum Peenemünde** arbeitet die Geschichte der Entstehung und Nutzung dieser Waffen auf. Die Ausstellungen dokumentieren, wer in Peenemünde arbeitete, wie die Menschen lebten und warum die enorm aufwendigen Waffenprojekte durchgeführt wurden. Das Museum fühlt sich besonders der Toleranz, der Völkerverständigung und Aufklärung verpflichtet und versteht sich über den engen musealen Rahmen hinaus als eine Begegnungs- und Kulturstätte mit einem breit gefächerten Angebot (museum-peenemuende.de).

Die **Gedächtniskapelle** in Peenemünde wurde 1876 auf dem alten Friedhof des damaligen Fischerdorfes errichtet. Sie ist ein als Oktagon ausgeführter Fachwerkbau mit achtteiligem, schiefergedecktem Dach und laternenförmigem Aufsatz mit Bleihaube und Edelstahlkreuz.

Mit der Errichtung der Peenemünder Raketenversuchsanstalt befand sich der Kirchenbau im militärischen Sperrgebiet und wurde dem Verfall preisgegeben. Nach umfassendem Neuaufbau in historisierender Form wurde die Kapelle 1993 wieder geweiht und dient seither auch als Gedenkstätte für die Opfer von Peenemünde. In einem frei stehenden Glockenstuhl neben der Kapelle hängt eine Glocke, die 1993 zum Gedächtnis an die Opfer von Peenemünde gestiftet und geweiht wurde.

Zu den Sehenswürdigkeiten des Ortes zählt heute die interaktive Ausstellung **Phänomenta** in der Museumstraße 12. Hier können an rund 200 Stationen verschiedene naturwissenschaftliche Phänomene getestet werden. Denn was man einmal in die Hand genommen und selbst ausprobiert hat, kann man schneller und besser begreifen.

Im **Spielzeugmuseum** in der Museumstraße 14 fangen nicht nur Kinderaugen zu leuchten an, auch Erwachsene werden auf dem nostalgischen Rundgang in ihre Kindheit zurückversetzt. Die rund 25 000 Ausstellungsstücke zeigen die Entwicklung der Spielzeuge im Lauf der Zeit. Puppen, Eisenbahnen, Dampfspielzeug, Autos, Holzspielzeug und vieles mehr ist in 17 Räumen zu bestaunen. Die besondere künstlerische Gestaltung macht den Rundgang für jedermann zu einem wahrhaften Entdeckungsabenteuer. Themenräume, Liveprogramme und wechselnde Sonderausstellungen runden den Besuch ab.

Der **Peenestrom** hat noch mehr zu bieten. Vom Hafen aus kann man mit der Fähre nach Freest und Kröslin übersetzen oder Ausflugsfahrten zu den Inseln Ruden oder

↑ Maritim-Museum im Peenemünder Hafen
↓ Peenemünder Raketenversuchsanstalt

SPECIAL

MARITIM MUSEUM PEENEMÜNDE U-461

Ein U-Boot mit den gigantischen Ausmaßen eines sechsstöckigen Hauses liegt als Museum im Peenemünder Hafen. Als Waffe gegen US-Flugzeugträger-Kampfgruppen entwickelt, wurde die Juliett U-461 Anfang der 1960er-Jahre gebaut und 1965 in Dienst gestellt. Das 86 Meter lange U-Boot war auf seinen Übungs- und Patrouillenfahrten im Nordatlantik mit vier Marschflugkörpern und Torpedos unterwegs. Zum Abfeuern dieser Waffen musste das U-Boot auftauchen. Seit 1988 im Reservestatus, wurde das U-Boot 1991 außer Dienst gestellt. 1998 brachten zwei Schlepper die U-461 nach Peenemünde.

Wolgast am Peenestrom vom Aussichtsturm der St.-Petri-Kirche aus gesehen

Greifswalder Oie unternehmen. Empfehlenswert ist ein Besuch im urigen Fischerdorf Freest, wo die Zeit stillzustehen scheint. Nach einem Spaziergang am verträumten Strand warten am Fischereihafen frische Fischbrötchen. Für die Überfahrt benutzt man die Fähre für Fußgänger und Radfahrer über den Peenestrom. Diese steht von Mai bis Oktober zur Verfügung.

Mit einem Ausflugsboot kommt man zur Greifswalder Oie, wo Kormorane und flauschige Schafe sich die Natur teilen.

In der **Hafenbar zum dünnen Hering** in der Fährstraße 9 (Tel. 0173/6301456) trifft man auf eine entspannte Atmosphäre und coole Leute und genießt die Umgebung und das gastronomische Angebot.

HERZOGSTADT WOLGAST

Wolgast wird als das »Tor zu Usedom« bezeichnet. Die Stadt liegt zu Teilen auf der Insel und zu Teilen auf dem Festland vor der Insel. Verbunden werden die beiden Teile durch die Peenebrücke. Wolgast nennt sich selbst mit Stolz »Herzogstadt«. In der Stadt residierten auf der Schlossinsel im Peenestrom von 1295 bis 1625 die Herzöge zu Pommern-Wolgast. Vom Schloss ist allerdings heute nichts mehr zu sehen, die letzten Überreste verschwanden in der ersten Hälfte des 19. Jahrhunderts aus dem Stadtbild.

Die dem Apostel Petrus geweihte **evangelische Kirche** in Wolgast wurde bis etwa 1350 errichtet. Durch Krieg und Unwetter wurde sie mehrfach zerstört und weist daher heute sowohl gotische als auch barocke Architekturmerkmale auf. Sehenswert sind die Glas- und Gewölbemalereien im Innenraum, die vier Votivschiffe sowie Wappentafeln und -steine der Pommernherzöge. Eine Rarität im norddeutschen Raum sind auch die großformatigen Gemälde der Totentanzdarstellungen, die um 1700 von Caspar Siegmund Köppe geschaffen wurden. Der Westturm mit seinem achteckigen Dach hat in etwa 40 Metern Höhe eine Aussichtsplattform. In der Gruft der Kirche befinden sich seit 1560 die Zinnsarkophage der Herzöge von Pommern-Wolgast.

Campingplatz am Zecheriner Hafen

Am alten Friedhof von Wolgast befindet sich mit der etwa 1420 errichteten **Gertrudenkapelle** eines der ältesten erhaltenen Gebäude der Stadt an der Peene. Die zwölfeckige Backsteinkirche ist eine Nachbildung der Grabeskirche in Jerusalem und besitzt ein Zeltdach mit einem Mittelturm. Mit elf Strebepfeilern ausgestattet, hat die Kirche im Zentrum einen wuchtigen Mittelpfeiler, von dem das spätgotische Sterngewölbe ausgeht. Der pommersche Herzog Wartislaw IX. ließ nach einer Jerusalemreise sowohl die Gertrudenkapelle als auch einen **historischen Kreuzweg** durch Wolgast nachbauen. Der Weg entspricht mit der Länge von einer römischen Meile in etwa der Länge des Kreuzweges in Jerusalem und führt von der St.-Petri-Kirche über das historische Rathaus bis zur Gertrudenkapelle, wo er am Nachbau des Heiligen Grabes in Jerusalem endet.

Der Vorgängerbau des **Historischen Rathauses** von Wolgast entstand im 14. Jahrhundert. Der Bau wurde durch Stadtbrände und Kriegswirren zerstört. Ab 1718 begann auf dem Grundriss und unter Verwendung von Resten des alten Gebäudes der Bau des heute noch bestehenden zweigeschossigen Baus. Die typische Laterne auf dem Rathaus kam erst 1780 hinzu. Die historische Altstadt wartet darüber hinaus mit einer Vielzahl von aufwendig und liebevoll im Detail restaurierten Bürger- und Fachwerkhäusern mit schönen Fassaden auf.

Neben der Zecheriner Brücke ist die **Brücke über die Peene** in Wolgast eine der beiden Straßenverbindungen vom Festland auf die Insel Usedom. Die knapp 250 Meter lange Brücke ist heute eine kombinierte Straßen- und Eisenbahnklappbrücke.

Der 1997 eröffnete **Museumshafen** von Wolgast liegt im südlichen Teil der Schlossinsel im Peenestrom. Im maritimen Freiluftmuseum liegt mit dem Eisenbahnfährschiff Stralsund die älteste Dampffähre Europas. 1890 von der Königlich Preußischen Staatsbahn in Dienst gestellt, diente das Schiff zunächst dem Fährverkehr zwischen Stralsund und Altefähr auf der Insel Rügen. Später setzte es Eisenbahnwaggons von Wolgast auf die Insel Usedom über. Die Stralsund steht seit 1986 unter Denkmalschutz und kann besichtigt werden. Im Museumshafen befinden sich auch weitere historische Schiffe sowie sehenswerte restaurierte Fachwerkhäuser, die unter anderem auch als Speicher dienten.

Bei einer Hafenrundfahrt oder einer Schifffahrt auf dem Achterwasser gibt es noch einmal einen ganz anderen Blick auf die Stadt.

AUSFLUG

SCHIFFSAUSFLÜGE AB USEDOM

Usedom von der Wasserseite erleben – dieser Perspektivenwechsel lohnt sich auf jeden Fall. Ostsee-Liebhaber sollten sich eine Tour »Rund um Usedom« auf keinen Fall entgehen lassen – die Ausblicke auf Usedom Küste sind einmalig. Schiffsausflüge starten von allen größeren Häfen der Insel (Infos & Tickets unter adler-schiffe.de/usedom).

PRAKTISCHE HINWEISE

TOURISTINFORMATIONEN

usedom.de/touristinformationen, insel-usedom.info

Stadtinformation Usedom
Bäderstraße 5,
17406 Usedom,
Tel. 038372/70890

Touristinformation Ahlbeck
Dünenstraße 45,
17419 Seebad Ahlbeck,
Tel. 038378/499350

Touristinformation Heringsdorf
Delbrückstraße 69,
17424 Seebad Heringsdorf,
Tel. 038378/2451

Touristinformation Bansin
An der Seebrücke,
17429 Seebad Bansin,
Tel. 038378/47050

Kurverwaltung Ückeritz
Bäderstraße 5,
17459 Ückeritz,
Tel. 038375/2520

Kurverwaltung Loddin
Strandstraße 23,
17459 Loddin,
Tel. 038375/22780

Kurverwaltung Koserow
Hauptstraße 31,
17459 Koserow,
Tel. 038375/20415

Touristinformation Zempin
Fischerstraße 1,
17459 Zempin,
Tel. 038377/42162

Kurverwaltung Zinnowitz
Neue Strandstraße 30,
17454 Zinnowitz,
Tel. 038377/4920

Touristinformation Trassenheide
Strandstraße 36,
17449 Trassenheide,
Tel. 038371/20928

Touristinformation Karlshagen
Hauptstraße 4,
17449 Karlshagen,
Tel. 038371/55490

Touristinformation Peenemünde
Peeneplatz 6,
17449 Peenemünde,
Tel. 038371/21656

Touristinformation Wolgast
Kronwiekstraße 3,
17438 Wolgast,
Tel. 03836/600118

CAMPING- UND STELLPLÄTZE

C 500 **Naturcampingplatz Am Strand** (S. 191 G2)
Campingplatz 1, Ückeritz,
Tel. 38375/20923,
campingplatz-ueckeritz.de
GPS: 54.00757, 14.08563
Der Campingplatz liegt am Ostsee-Radweg zwischen Ückeritz und Bansin zwischen

Stellplatz für Wohnmobile in Peenemünde

Naturcampingplatz Am Strand

Küstenschutzwald und Meer und ist über fünf Kilometer lang – einst der größte Campingplatz Europas und heute sicher der größte Deutschlands. Zu DDR-Zeiten haben hier im Sommer über 12 000 Menschen ihre Ferien verbracht. Die Weitläufigkeit macht es möglich, dass sowohl Familien mit Kindern als auch Ruhesuchende, Dauercamper und Kurzurlauber sich hier wohlfühlen.

C 501 Naturcamping Hafen Stagnieß (S. 191 G2)
Hafen Stagnieß 1, Ückeritz,
Tel. 38375/204 23,
usedom.de/naturcamping-hafen-stagniess-gmbh-co-kg
GPS: 54.00196, 14.04577
Der Campingplatz befindet sich in ruhiger und idyllischer Lage am Achterwasser, etwa 1,5 Kilometer vom Ortskern des Seebades Ückeritz entfernt. Auf dem vier Hektar großen Areal gibt es 200 Stellplätze für Caravans, Wohnmobile, Wohnwagen und Zelte. Es gibt eine Vielfalt an Freizeitmöglichkeiten.

C 502 Camping am Dünengelände (S. 191 F2)
Campingweg 1, Zempin,
Tel. 38377/413 63,
camping-zempin.de
GPS: 54.07250, 13.93887
Der Camping & Freizeitpark liegt zwischen Zinnowitz und Zempin inmitten eines idyllischen Kiefernwäldchens direkt hinter den Dünen der Ostsee. Es gibt Stellplätze für Wohnmobile, Wohnwagen und Zelte.

C 503 Campingplatz Ostseeblick (S. 191 F2)
Zeltplatzstraße 20,
Trassenheide,
Tel. 038371/209 49,
campingplatz-ostseeblick.de
GPS: 54.09017, 13.88547
Direkt hinter der Düne im schönen Kiefernwald liegt der Campingplatz. Mit nur wenigen Schritten gelangt man an den weißen, feinsandigen Ostseestrand. Am breiten Sandstrand kommen Wasserratten voll auf ihre Kosten. Der nahe gelegene Sportstrand lädt Sportbegeisterte jeden Alters ein, verschiedene Wassersportarten kennenzulernen.

C 504 Dünencamp
(S. 191 F1)
Zeltplatzstraße 11,
Ostseebad Karlshagen,
Tel. 038371/20 29,
duenencamp.de
GPS: 54.11685, 13.84703
Direkt hinter den Dünen des breiten Ostseestrandes liegt der 5-Sterne-Campingplatz Dünencamp. Ganzjährig lockt der für seine Qualität ausgezeichnete Campingplatz

Naturcamping Hafen Stagnieß

Stellplatz für Wohnmobile in Peenemünde

Campingplatz Ostseeblick

auf 340 Stellplätzen junge Camperfamilien und Traditionscamper an. Familienfreundlichkeit wird hier großgeschrieben. Modernste Sanitäreinrichtungen, Waschmaschinen und Trockner sorgen für die entsprechende Hygiene.

S 505 **Stellplatz für Wohnmobile in Peenemünde**
(S. 191 F1)
Fährstraße 9, Peenemünde,
Tel. 038371/55 66 23,
halbinsel-peenemuende.de
GPS: 54.13598, 13.76190
Der neue Stellplatz in der Nähe von Peenemünde auf einer Halbinsel zwischen Hafen und Peenestrom bietet direkten Zugang zu einem kleinen Hafen und einen Blick auf die Peene. Der ruhige Platz für bis zu 80 Wohnmobile hat auch einen Bootsverleih. Auch für große Fahrzeuge geeignet. Ganzjährig nutzbar.

↑ Urlaub im Kiefernwald
↓ Restaurant zum Leuchtturm in Ückeritz

Auf der Deutschen Alleenstraße zwischen Rerik und der Insel Poel

6

SEEBAD-TOUR ZWISCHEN ROSTOCK UND WISMAR

Über Warnemünde und Bad Doberan bis zur Insel Poel

Die Landschaft zwischen den Hansestädten Rostock und Wismar präsentiert sich mal lieblich und mal rau: mit herrlichen Sandstränden, wilden Steilküsten und dichten Küstenwäldern, mit sanften Hügeln, fetten Weiden und grünen Alleen. Warnemünde, Bad Doberan, Heiligendamm, Kühlungsborn, Rerik und die Insel Poel – die traditionellen Seebäder liegen aufgereiht wie an einer Perlenkette an den Ostseestränden.

Der Ausgangspunkt für unsere Seebad-Tour, die Hanse- und Universitätsstadt **Rostock**, bietet zahlreiche kulturelle Highlights und ein reges städtisches Leben (siehe Route 2/Städtetour – Hansezeit und Backsteingotik). Um sich einen dauerhaften Zugang zum Meer zu sichern, wurde im Jahr 1323 das Fischerdorf Warnemünde dem Stadtgebiet zugeschlagen. Das Seebad Warnemünde gilt heute als einer der schönsten Stadtteile der Hansestadt Rostock. Es wartet mit dem breitesten, feinsandigen Strand an der deutschen Ostseeküste, einer naturbelassenen Steilküste sowie einem Küstenwald und der Rostocker Heide auf. Somit bieten sich hier beste Möglichkeiten für Erholung und Entspannung.

Am Alten Strom in Warnemünde

SEEBAD WARNEMÜNDE

Über die Stadtautobahn von Rostock geht es nach **Warnemünde**. Der gebührenpflichtige Parkplatz Passagierkai befindet sich am hinteren Ende des Alten Stroms. Von dort ist es zu Fuß eine Viertelstunde ins Zentrum.

ROUTE 6

STARTPUNKT
Rostock

ENDPUNKT
Wismar

STRECKEN
überwiegend Landstraßen

STRECKENLÄNGE
ca. 110 km

FAHRZEIT
1 Woche

BESTE JAHRESZEIT
Mai bis Oktober

Start Rostock

13 km

Warnemünde
Warnemünder Kirche
Alexandrinenstraße
»Warnminner Ümgang«
Heimatmuseum
Seepromenade
Alter Strom
Westmole
Leuchtturm
Teepott
Fischmarkt
Naturschutzgebiet Stoltera
Rostocker Heide

19 km + 8,5 km

Bad Doberan – Heiligendamm

Nachdem sich Fischer aus Friesland an der Mündung der Warnow niederließen und dort die erste Siedlung gründeten, entstand 1200 auch die erste Kirche – die sogenannte **Fischerkirche**. In den Kriegen des 14. und 15. Jahrhunderts wurde sie zweimal zerstört und wiederaufgebaut. Im 19 Jahrhundert wurde es in der Fischerkirche aber zu eng, und so riss man die alte Kirche am Strom nieder. Ganz in ihrer Nähe wurde zwischen 1866 und 1871 die neue neugotische Kirche im Zentrum des Seebades erbaut. Der kostbare Schnitzaltar stammt noch aus dem Jahr 1475, die Renaissance-Kanzel aus dem Jahr 1591.
Die **Alexandrinenstraße** in Warnemünde ist eine Parallelstraße zur Straße Am Strom. In den malerischen kleinen Giebelhäusern wohnten einst Fischer, Seeleute und Lotsen. Die liebevoll restaurierten Häuser ergeben heute ein idyllisches städtebauliches Ensemble mit ganz besonderem Flair. In der Straße befindet sich auch das Heimatmuseum Warnemünde und der bekannte »Warnminner Ümgang«, ein Brunnen mit 19 Bronzefiguren.

Das 1914 in Warnemünde gegründete **Heimatmuseum** gibt einen Einblick in das Leben von Seefahrern, Fischern und Lotsen und zeigt die Entwicklung des Badwesens im Küstenort. Die Ausstellung ist in einem alten Warnemünder Haus zu sehen, das im 18. Jahrhundert gebaut und im 19. Jahrhundert erweitert wurde. Die Dauerausstellung lädt auf 240 Quadratmetern Ausstellungsfläche zu einer Entdeckungsreise durch die Geschichte des Ortes ein.

Die **Seepromenade** in Warnemünde ist eine beliebte Flaniermeile, die auf etwa zwei Kilometern Länge vom Leuchtturm und dem markanten Teepott, am Hotel Neptun vorbei bis zum Küstenwald im westlichen Teil des Seebades reicht. Zum Meer hin hat man einen unverbauten Blick über die Dünen zum breiten, feinkörnigen Sandstrand und auf die ein- und auslaufenden Schiffe nach und von Rostock. Landseitig kann man ein interessantes Ensemble an attraktiven neoklassizistischen Villen bestaunen.

Der Badebetrieb am Strand geht bis auf das Jahr 1834 zurück. Zu dieser Zeit wurden ein Damen- und ein Herrenbad eröffnet. Ab

1888 wurde in dem Seebad Kurtaxe erhoben. Warnemünde gilt auch als Geburtsort des Strandkorbes. Der Strand selbst erstreckt sich über fünf Kilometer von der Westmole bis zur Steilküste am Ausflugsort Wilhelmshöhe im Naturschutzgebiet Stoltera.
Der **Alte Strom** gegenüber dem Yachthafen Hohe Düne wurde bereits im Jahr 1423 ausgehoben. Über 500 Jahre lang war er die Schifffahrtsverbindung zwischen Ostsee und Rostocker Hafen, bis er dann 1903 vom Neuen Strom, der heutigen Hafeneinfahrt Rostocks, abgelöst wurde. Dank Fischereihafen und zahlreicher Restaurants, Cafés und Boutiquen hat sich der Alte Strom zu einer beliebten Flaniermeile entwickelt.
Ein Spaziergang am Alten Strom vorbei am Leuchtturm und weiter auf der 541 Meter langen **Westmole** ist nicht nur im Sommer ein Erlebnis. Die Mole dient vorrangig als Wellenbrecher, um den Strömungen der Ostsee Einhalt zu gebieten.

SPECIAL

WARNMINNER ÜMGANG

Die sehenswerte Brunnenanlage in der Alexandrinenstraße weist auf den Warnemünder Umgang als bedeutende Ortstradition hin. Der Umzug der festlich gekleideten Warnemünder Bürger fand in der Vergangenheit immer dann statt, wenn das frühere Fischerdorf gegenüber der Stadt Rostock einen neuen Vertreter bestimmt hat. 19 Skulpturen aus Bronze wandeln auf dem Brunnen und setzen die Tradition zusammen mit dem Wasserspiel reizvoll in Szene. Im Rahmen der Warnemünder Woche wird der »Ümgang« auch als lebendiger Umgang durch den Ortskern dargestellt.

↑ Freizeitpark am Alten Strom
↓ Die neugotische Kirche von Warnemünde

Der 31 Meter hohe **Leuchtturm** wurde 1897/98 erbaut, steht an der Zufahrt zum Hafen Rostock und ist ein Wahrzeichen von Warnemünde. Er ist während der Saison für die vielen Besucher im Ostseebad zugänglich und ermöglicht einen herrlichen Rundblick über Warnemünde und die Hafeneinfahrt. Auf der Bühne am Leuchtturm finden in der Saison regelmäßig Veranstaltungen und Kurkonzerte statt.
Zu den Wahrzeichen von Warnemünde gehört auch der **Teepott** an der Strandpromenade, welcher im Jahr 1967 direkt neben dem Leuchtturm errichtet wurde. Der Name leitet sich von der Gaststätte Teepavillon ab, welche 1928 an derselben Stelle platziert war. Diese bekam wegen ihrer Topfform den

Am Strand von Börgerende in Bad Doberan

Namen Teepott. Der Teepott steht aufgrund seiner besonderen Dachkonstruktion in Hyperschalenarchitektur unter Denkmalschutz. Im Gebäude befinden sich Restaurants, ein Café und eine Cocktailbar.
Fangfrischen Fisch aus erster Hand bietet der Warnemünder **Fischmarkt** östlich des Alten Stroms an. Er ist über die historische Drehbrücke zu erreichen. Jeden Morgen legen hier Fischkutter mit fangfrischem Ostseefisch an, der zum Verkauf angeboten wird. Unmittelbar am Fischmarkt befinden sich auch einige Gaststätten und Restaurants, in denen man schmackhafte Fischbrötchen und deftige Fischgerichte genießen kann.
An das Seebad Warnemünde anschließend, liegt in westlicher Richtung das 83 Hektar große **Naturschutzgebiet Stoltera**. Der Küstenwald endet direkt am steil abfallenden Kliff der Ostsee. Die interessante und abwechslungsreiche Küstenlandschaft wird seit Jahrhunderten durch die Stürme geprägt und verändert. Beliebt ist ein Spaziergang entlang der Küste zum Aussichtspunkt Wilhelmshöhe.

Die **Heide**, ein etwa 6000 Hektar umfassendes Waldgebiet, ist eine einzigartige Landschaft und ein beliebtes Ausflugsziel

SPECIAL

HANSE SAIL

Alljährlich ist Warnemünde Austragungsort der Warnemünder Woche und vieler anderer maritimer Veranstaltungen, wie des Stromerwachens oder des Turmleuchtens. Ein maritimes Großereignis ist die Hanse Sail, die jeweils am zweiten Wochenende im August stattfindet. Da laufen viele Groß- und Traditionssegler, Kreuzfahrt- und Museumsschiffe sowie Fähren aus verschiedenen Nationen Warnemünde und den Stadthafen von Rostock an. Besucher haben die Möglichkeit, auf den Schiffen mitzufahren. Am Cruise Center in Rostock-Warnemünde legen eine Vielzahl von Kreuzfahrtschiffen an.

der Rostocker. Für die gesamte deutsche Seeküste ist es einmalig, dass ein so großes Waldgebiet an die See grenzt. Dabei ist die Heide nur der klägliche Rest eines der letzten deutschen Urwälder, der sich ursprünglich zwischen Lübeck und der Insel Rügen erstreckt hat. Orchideen und Eisvögel, brütende Kraniche und jahrhundertealte Eibenbäume machen die Heide zur schützenswerten Landschaft.

BAD DOBERAN – HEILIGENDAMM

Die mecklenburgische Kleinstadt **Bad Doberan** präsentiert sich mit eindrucksvollen historischen Bauwerken. Der Ortsteil **Heiligendamm** ist nur sechs Kilometer von Bad Doberan entfernt und ist Deutschlands ältestes Seebad. In Bad Doberan parkt man am besten direkt am Doberaner Münster. Der Parkplatz liegt gegenüber vom Münster und ist über die Klosterstraße erreichbar. In der Nähe vom Molli-Bahnhof Heiligendamm an der Kühlungsborner Straße gibt es den gebührenpflichtigen Parkplatz Heiligendamm. Von dort ist es nicht mehr weit zur Seebrücke. Unser Vorschlag: das ideal gelegene Ferien-Camp Börgerende direkt hinter dem Damm an der Ostsee anfahren, dort ein paar Tage bleiben und wahlweise Bad Doberan oder Heiligendamm mit dem Rad anfahren. Es gibt gut ausgeschilderte Radwege.

Bad Doberan – Heiligendamm
Kloster
Bad Doberan
Bad Doberaner Münster
Gross-herzogliches Palais
Kamp
Bad Doberan
Badeort Heiligendamm
Bäderbahn Molli
Ostsee-Grenzturm
Börgerende
10 km
Kühlungsborn

Die Geschichte von Doberan begann im Jahr 1171 mit der Gründung des **Zisterzienserklosters**. Es entwickelte sich schnell zu einem bedeutenden geistigen und wirtschaftlichen Mittelpunkt und prägte über vier Jahrhunderte die Geschichte Bad Doberans. Heute noch zeugen die Überreste der Klosteranlage von ihrer ehemaligen Größe. Die ab 1283 errichtete und 2,50 Meter hohe Klostermauer umfasst das Klostergelände auf einer Länge von 1400 Metern. Sie ist eine der längsten Klostermauern aus Backstein

Mit dem Fahrrad unterwegs

↑ Heiligendamm, das älteste und eleganteste Seebad Deutschlands.
↓ Im Grand Hotel trafen sich 2017 die G8-Staats und Regierungschefs.

und ist noch fast vollständig erhalten. Im Westen befindet sich das Haupttor, ehemals mit dem Pförtnerhaus und der Torkapelle, im Norden das Kammerhoftor und im Süden das Wirtschaftstor. Die Ostzufahrt, das sogenannte »Grüne Tor«, stammt aus dem Jahre 1795, dem Jahr der Umgestaltung der ehemaligen Klosteranlage zu einem englischen Landschaftspark für die Sommerresidenz der mecklenburgischen Herzöge.
Südlich an das Haupttor des Klosters grenzt das Nachtwächterhaus, auch Torhaus genannt, das 1763 an die mittelalterliche Klostermauer angebaut wurde. Das Torhaus beherbergt heute zwei Klosterläden und ein kleines Café.
Das **Amtshaus** auf der Südseite der Klosterstraße, ein schlichter spätbarocker Fachwerkbau mit hohem Mansarddach, wurde 1791 bis 1793 durch den Architekten Johann Christoph Heinrich von Seydewitz als Sitz des Domanialamtes erbaut. Das Gebäude wird heute als kirchliches Gemeindezentrum der Evangelisch-Lutherischen Kirchengemeinde Bad Doberan genutzt.
Das **Kornhaus** bildet mit dem Wirtschaftshaus im Süden der Klosteranlage den imposanten Wirtschaftsteil des Zisterzienserklosters. Auf fünf Kornböden wurde Korn gelagert. Die Längsseiten sind durch eine spitzbögige Blendbogenreihe reich gegliedert. 1848 wurde das Gebäude zur Stadtschule umgebaut. 2003 wurde es umfassend saniert und zum sozio-kulturellen Zentrum der Stadt Bad Doberan ausgebaut.
Das große **Wirtschaftshaus** entstand um 1290. Das Backsteingebäude weist eine überaus reiche Gestaltung auf: im Inneren eine mehrgeschossige Arkadenkonstruktion der Längswände, einen Kleeblattbogenfries an den Giebeln und Reste von Traufmalerei. Backen, Mahlen und Brauen waren einst unter diesem Dach vereinigt. An der Nord- und Südwand der Klostermühle erkennt man die

Zisterzienserkloster Bad Doberan

Durchlässe für den Wallbach. Ein Wasserrad treibt auch heute wieder eine Getreidemühle und einen Generator zur Stromerzeugung an.
Die Ruine der zwischen 1220 und 1275 erbauten **Klosterscheune** gilt als das älteste profane Ziegelmauerwerk Mecklenburgs. Über die ursprüngliche Nutzung des Gebäudes gibt es unterschiedliche Auffassungen, es könnte als Refektorium gedient haben, andere Meinungen tendieren in Richtung einer Nutzung als Wirtschaftsgebäude.
Nordwestlich der Klosterkirche liegt die Ruine der sogenannten **Wollscheune**, ein zweigeschossiger Backsteinbau mit großen Segmentbogenfenstern, der wie die anderen Backsteingebäude um 1283 bis 1290 errichtet wurde. Das Gebäude diente als Siechenhaus und Gästehaus des Klosters. 1762 war in dem Gebäude kurzzeitig eine Wollmanufaktur eingerichtet.
Das 1250 erbaute **Beinhaus**, ein achteckiger reich verzierter Kapellenbau, steht nördlich des Münsters am Rand des ehemaligen Mönchsfriedhofs und diente zur Aufbewahrung von Skelettresten aus den Mönchsgräbern.

Die um 1200 erbaute **Kapelle Althof** wurde nach der Schließung des Klosters im 17. und 18. Jahrhundert als Backhaus genutzt. Ihr heutiges Aussehen erhielt sie in den Jahren 1886/88 durch G. L. Möckel. Seitdem finden hier auch wieder Gottesdienste statt.
Einen guten Überblick über die Bad Doberaner Klosteranlage erhalten die Besucher bei einer der regelmäßig stattfindenden **Stadt- und Münsterführungen**. Startpunkt der Führung ist das Münster (Führung im Innern ca. 1 Stunde). Danach folgt ein informativer Rundgang zur Geschichte des Klosters und den verschiedenen Lebens- und Arbeitsbereichen der hier einst ansässigen Zisterziensermönche. Die kombinierte Führung endet im klassizistischen Zentrum Bad Doberans mit Informationen aus der Zeit, als sich Bad Doberan zur Sommerresidenz der Mecklenburgischen Herzöge entwickelte.

↑ Die Schmalspurbahn Molli
↓ Die Seebrücke Heiligendamm

Das **Doberaner Münster** wird als »Perle der norddeutschen Backsteingotik« bezeichnet und beeindruckt mit seiner fast vollständig erhaltenen mittelalterlichen Ausstattung.
Das Münster ist die im späten 13. Jahrhundert erbaute Kirche des ehemaligen Zisterzienserklosters. Beeindruckend ist die optische Wirkung des Lichteinfalls durch die Obergadenfenster. Zur reichen Ausstattung zählt der um 1300 errichtete Hochaltar, der als ältester Flügelaltar der Kunstgeschichte gilt. Der Sakramentsturm diente bis zur Reformation als Aufbewahrungsort der geweihten Hostien und ist beeindruckende 11,60 Meter hoch. Der monumentale, doppelseitige Lettneraltar mit Triumphkreuz aus der Zeit um 1370 trennte den Raum der Laienmönche vom Mönchschor. Die Kirche birgt die Grabfigur der dänischen Königin Margarete Sambiria, liturgische Schränke, Glasmalereien und zahlreiche Epitaphien.
Im Münster finden regelmäßige Gottesdienste, Andachten und Konzerte statt. Von Juni bis September können Besucher jeden Freitag um 19.30 Uhr eines der beliebten Münsterkonzerte erleben. Im Vorfeld des Konzertes findet mit Beginn um 18.30 Uhr eine Führung durch die Klosteranlage statt (muenster-doberan.de).
Bad Doberan hat auch außerhalb seiner Klostermauern einige bedeutende Sehenswürdigkeiten zu bieten. Vor allem aus der Zeit, als der Ort zur Sommerresidenz der Mecklenburgischen Herzöge wurde, sind in der Innenstadt und in Heiligendamm prachtvolle klassizistische Bauten erhalten geblieben.
Eines der schönsten Gebäude ist das klassizistische **Großherzogliche Palais** am Kamp. Es entstand zwischen 1806 und1810 als Sommerhaus für die großherzogliche Familie. Besonders beeindruckend ist das Frühstückszimmer des Großherzogs an der Gartenseite. Die Wände dieses ovalen Saales

Der exklusive Badeort Heiligendamm ist ein Stadtteil von Bad Doberan.

KULTUR

STADT- UND BÄDERMUSEUM BAD DOBERAN

Das Stadt- und Bädermuseum befindet sich nur unweit des Doberaner Münsters, direkt neben dem Westtor des Klosters. Das Gebäude, in den Jahren 1886 bis 1888 von Gotthilf Ludwig Möckel als eigenes Wohnhaus im Stil der Neugotik errichtet, besticht durch Formenreichtum und ist geradezu ein Blickfang für jeden Vorbeigehenden. Das Museum präsentiert eine ständige Ausstellung zur Geschichte von Doberan und Heiligendamm als Sommerresidenz der mecklenburgischen Herzöge und erstem deutschen Seebad.

schmückt eine französische Bildtapete mit der Liebesgeschichte von »Amor und Psyche«. Im Saal finden Konzerte und Lesungen statt.

Das ehemalige **Großherzogliche Salongebäude** entstand 1801/02. Um 1820 wurde ein großer Empire-Festsaal zur Gartenseite hinzugefügt, heute ein eindrucksvoller Rahmen für klassische Konzerte.

Das erste Gebäude, das nach der Seebadgründung 1793 in Doberan errichtet wurde, war das **Logierhaus**, ein spätbarocker repräsentativer Fachwerkbau. 1795/96 vom Baumeister Johann Christoff Heinrich von Seydewitz erbaut, ist es mittlerweile das älteste Hotel an der Ostseeküste. Das ehemalige, 1821/22 erbaute **Prinzenpalais**, die Sommerresidenz für das Prinzenpaar, wurde nach umfangreicher Sanierung im Frühjahr 2008 als Hotel eröffnet. Das **Haus Gottesfrieden**

Idyllischer Teich im Klostergarten der Zisterzienserabtei Bad Doberan

schließlich ist das ehemalige Wohnhaus des Architekten Carl Theodor Severin, das er im Jahre 1823/24 errichten ließ. Seit 2015 ist das Haus Gemeindezentrum der Landeskirchlichen Gemeinschaft in Bad Doberan.
Mitten in der Stadt liegt der dreieckige, lindenumstandene **Kamp Bad Doberan**, eine zentrale, um 1800 angelegte Grünanlage. Der Kamp war einst das Zentrum des gesellschaftlichen Lebens im noblen Seebad Doberan-Heiligendamm und ist heute ein beliebter Ort für verschiedenste Open-Air-Veranstaltungen. Zwei Pavillons im chinesischen Baustil prägen sein Erscheinungsbild. Der achteckige **Rote Pavillon** entstand 1808/09 als Ausschank und Musikstätte. Er hat die Form einer Pagode und ist gemeinsam mit dem Weißen Pavillon ein reizvolles Zeugnis für die architektonische Verbindung von klassizistischen Stilelementen und Chinoiserie. Der Rote Pavillon wird heute als Galerie für moderne Kunst genutzt. Der zweigeschossige, von einem Säulenumgang umgebene **Weiße Pavillon** wurde ursprünglich als Musikpavillon in den Jahren 1810 bis 1813 errichtet. Mittlerweile beherbergt er ein Restaurant.
Das Gasthaus **Lindenhof** war einer der ältesten Gasthöfe des Ortes. Das Gebäude an der Nordseite des Kamps, heute Severinstraße, wurde 1894 errichtet. Seit 2005 ist der ehemalige Lindenhof das Rathaus der Stadt Bad Doberan und somit wieder ein Mittelpunkt des städtischen Lebens.
Der **Alexandrinenhof** am Alexandrinenplatz entstand um 1825 und wurde nach der preußischen Prinzessin und späteren mecklenburgischen Großherzogin Alexandrine benannt. Der Alexandrinenhof beheimatet heute Handwerksstätten, ein Restaurant und moderne Kunst in historischem Ambiente.
In der **Klosterküche Bad Doberan** in der Beethovenstraße 19 (Tel. 038203/647201, klosterkueche-doberan.de) erwartet den Gast in einem gemütlichen Ambiente mit malerischem Blick auf das Doberaner Münster ein freundliches Team und eine frische, innovative Speisenauswahl. Eine ideenreiche, wilde Kräuterküche, mit viel Sorgfalt und Engagement komponiert:

Wild aus den umliegenden Wäldern und frisches Gemüse aus ökologischem Anbau gibt es im **Jagdhaus Heiligendamm** in der Seedeichstraße 18b (Tel. 038203/73 57 75, jagdhaus-heiligendamm.de). **Geschenke** ist ein netter Geschenkladen in Bad Doberan Am Markt 6. **Edda's Tee-Lädchen** am Alexandrinenplatz 2, (Tel. 038203/16459) hat für jeden Geschmack etwas zu bieten.
Der exklusive **Badeort Heiligendamm** liegt direkt an der Ostseeküste Mecklenburg-Vorpommerns und ist ein Stadtteil von Bad Doberan. Aufgrund der weißen klassizistischen Bauten entlang der Strandpromenade ist der Stadtteil auch bekannt als die »Weiße Stadt am Meer«.
Heiligendamm – Deutschlands ältestes und elegantestes Seebad – wurde im Jahre 1793 gegründet. Der hohe Adel Europas und später eine Menge prominenter Gäste verbrachten hier ihre Sommerferien. Neben der einzigartigen Lage direkt am Meer wurde diese Gegend schon immer wegen ihrer klimatischen Vorzüge – frische und staubfreie Meeresluft, geringe Temperaturschwankungen, die Abwesenheit von Ebbe und Flut sowie die üppigen umliegenden Buchenwälder – bevorzugt. Im Juni 2007 fand im Grand Hotel das 33. Gipfeltreffen der G8-Staats- und Regierungschefs statt, wodurch Heiligendamm international bekannt wurde.
Die Verbindung eines Aufenthalts am Meer mit ausgedehnten Spaziergängen durch üppige Buchenwälder und saftige Wiesen sowie die Anwendung der ortstypischen Heilmittel Moor und Ostseewasser garantieren auch heute noch ausgezeichnete Heilerfolge. Das Moorheilbad Bad Doberan und das Seeheilbad Heiligendamm bieten sich dabei als »wahre Gesundbrunnen« an.
Das Moor aus der Conventer Niederung bei Bad Doberan wird schon seit Jahrhunderten für Heilzwecke genutzt. Die Moorbehandlung gilt als eine der wirksamsten Methoden zur Behandlung von Erkrankungen des Bewegungsapparates sowie von rheumatischen Erkrankungen, Osteoporose, Arthrose und Erschöpfungszuständen.

Fachwerkhaus im Klostergarten

AUSFLUG

WANDERN UND REITEN

Auf Rad-, Reit- und Wanderwegen kann man rund um Bad Doberan durch die schier endlose Natur streifen. Besonders empfehlenswert ist ein Tagesausflug ins idyllische Quellental. In Bad Doberan und Heiligendamm bieten mehrere Reiterhöfe Urlaubserlebnisse auf dem Rücken der Pferde. Von den Anbietern vor Ort werden Geländeausritte über Feld und Flur angeboten, die als Highlight teilweise auch Strandpassagen beinhalten. Reitcamp Börgerende, Sonnensteg 50, Börgerende, Tel. 038203/22 99 31, reitcamp-boergerende.de; Pferdehof Gut Klein Nienhagen, Ahornallee 10, Klein Nienhagen, Tel. 038292/789 91, guthofurlaub.de.

Heiligendamm gilt als Wiege der Thalasso-Therapie in Deutschland. Thalasso nutzt die Kraft des Meeres mit seinem enormen Potenzial an Spurenelementen, Vitaminen, Proteinen, Mineralstoffen und Aminosäuren, welche in Meerwasser, Meersalz, Meeresalgen und Meeresschlamm enthalten sind.
Leckere Drinks & genussvolle Speisen, spektakuläre Sonnenuntergänge, direkter Zugang zum Strand, Beach Parties und Lifestyle Veranstaltungen gibt es im **Deck Restaurant, Bar & Beach Club** in Heiligendamm, Am Kinderstrand 3 (Tel. 038203/63107, deckheiligendamm.de)
Durch Gründung des Seebades Heiligendamm kamen zahlreiche Badegäste in das mitten in unberührter Natur gelegene Fleckchen. Eine problemlose Verkehrsanbindung an die Ostseeküste gab es allerdings noch nicht. So wurde 1886 eine erste **Bahnverbindung** von Bad Doberan nach Heiligendamm ausgebaut. Im Jahr 1910 erfolgte dann der Ausbau nach Kühlungsborn.
Wer mit dem Rad oder dem Auto unterwegs von Bad Doberan nach Heiligendamm ist, sollte auf halber Strecke einen Abstecher zum **Bio-Gut Vorder Bollhagen** einplanen. Im Hofladen können Rind-, Schaf-, Geflügel- und Ziegenfleisch sowie frische Eier und regionales Obst und Gemüse aus eigener Erzeugung erworben werden (Tel. 038203/77 99 13, gut-vorder-bollhagen.de).

Der **Ostsee-Grenzturm Börgerende** befindet sich in Strandnähe unweit des Ostseebades Nienhagen. Er ist ein ehemaliger Wachturm, der einst zu DDR-Zeiten von der Grenzbrigade Küste als See-Grenzbeobachtungsturm genutzt wurde. Damals gab es insgesamt 27 Türme an der Ostseeküse der DDR. Im Ostseebad Kühlungsborn steht der zweite Turm, der für Besucher geöffnet ist.

OSTESEEBAD KÜHLUNGSBORN

Auf einem 12 Hektar großen, sehr schön gelegenen Naturgrundstück direkt an der Ostsee zwischen Heiligendamm und Rerik liegt der Luxus Campingpark Kühlungsborn.
Von dort führt ein Radweg im Schatten vom Stadtwald an die schönsten Badeplätze.
Das Seebad Kühlungsborn präsentiert sich mit einer Mischung aus historischer Bäderarchitektur und Moderne, reizvoller Natur, exklusivem Badeort und viel Meer. Zwischen den Ortsteilen West und Ost bietet der Stadtwald auf 130 Hektar eine perfekte Oase der Ruhe zum Wandern, Radfahren und Joggen. Kühlungsborn hat wohl auch deshalb den Beinamen »Grüne Stadt am Meer« erhalten. Die stilvolle Atmosphäre der klassizistischen **Bäderarchitektur** erlebte gerade in den letzten Jahrzehnten einen neuen Aufschwung. Viele Gebäude wurden im historischen Stil saniert und glänzen wieder in alter Pracht. Kühlungsborn ist gänzlich frei von Hoch-

↓ Weißer Strand in Kühlungsborn
↘ Strandkorbvermietung

Strandhotel an der Seepromenade von Kühlungsborn

hausbauten und touristischen Betonklötzen. Hier gilt der Grundsatz, dass kein Gebäude größer sein darf als der höchste Baum im Ostseebad. Ob klein oder groß, elegant oder anspruchsvoll, die Villen haben alle eines gemeinsam: charakteristische und oft eigenwillige Fassaden und Gesichter. Türmchen und Balkone in allen Formen, Balustraden und große Terrassen, Holzloggien und Bogenfenster, dekorative Blumenranken, Giebel und verzierte Türen sind nur einige der Merkmale der Kühlungsborner Bäderarchitektur. In der Ostseeallee stechen besonders die Hotels Hubertusburg und Westfalia sowie das Haus des Gastes Laetitia hervor, in der Sandstraße die Villa Magda und in der Tannenstraße das Hotel Schloss am Meer und das Hansa-Haus – um nur einige der außerordentlichen Baudenkmäler zu nennen.
Mit etwa 3150 Metern Länge ist die **Strandpromenade** in Kühlungsborn eine der längsten ihrer Art in Deutschland. Sie wurde 2007 fertiggestellt und führt von Kühlungsborn-West bis zur Hafenpromenade am Bootshafen. Die Strandpromenade verläuft parallel zum Strand entlang der Dünen und bietet durchgängig einen freien Blick auf die Ostsee, aber auch auf die zahlreichen architektonischen Sehenswürdigkeiten im Stil der Bäderarchitektur entlang der Ostseeallee.

Kühlungsborn
Bäderarchitektur
Strandpromenade
Ostseegrenzturm
Leuchtturm BUK bei Bastorf
Bäderbahn Molli
Kunsthalle Kühlungsborn
13 km
Rerik

Die Promenade ist Teil des Europäischen Radwanderwegs E9. Ein markanter Punkt an der Promenade ist die 1991 eingeweihte, 240 Meter lange Seebrücke mit einem attraktiv gestalteten Vorplatz.
Das ganze Jahr über werden direkt von der Seebrücke aus Schiffsfahrten, Mini-Kreuzfahrten und Tagesausflüge angeboten. Hauptsächlich verkehrt die MS Baltica nach Warnemünde, aber es geht auch in Richtung

Rerik. Einstündige Fahrten gehen in Richtung Heiligendamm.
In **Gundis Fischkaten** an der Strandpromenade 21 (Tel. 038293/140 45, gundisfischkaten.de) dreht sich alles um Fisch – lecker und günstig, von der Lage ganz zu schweigen. In der **Fischräucherei Zum Butt** am Anglerstieg 4 (Tel. 038293/41 13 12) gibt es Fischbrötchen, Fischsuppe oder Scholle mit Bratkartoffeln gut und frisch zubereitet und zu vernünftigen Preisen.
Ganz in der Nähe der Seebrücke steht einer der letzten beiden noch erhaltenen **DDR-Grenztürme**. Er diente der Beobachtung der Seegrenze nach außen und zum Aufspüren von »Republikflüchtlingen«, die über die Ostsee die DDR verlassen wollten.
Seit 2010 ist der Turm für Besucher geöffnet. Mithilfe einer Stahlleiter gelangt man auf die Aussichtsplattform des 13 Meter hohen Bauwerks und kann von dort aus eine wunderbare Aussicht auf den Ostseestrand genießen. Der Grenzturm dient als Mahnmal. Im Museum wird über das Grenzsystem und Fluchtschicksale informiert. Im neuen Museumspavillon sind Fluchtboote und eine Ausstellung zu besichtigen.
Etwa drei Kilometer von Kühlungsborn entfernt liegt der kleine Ort Bastorf. Hier steht Deutschlands höchstgelegener **Leuchtturm** auf der Erhebung Buk, dessen Leuchtfeuer die Seefahrer noch heute vor der Sandbank Hannibal in der Einfahrt zur Wismarer Bucht warnt. Das Licht des Turms kann man noch in 25 Seemeilen Entfernung erkennen. Den Besucher erwartet ein atemberaubender Rundblick auf den Küstenverlauf.
Für Kaffee und Kuchen ist direkt neben dem Leuchtturm im **Valentins – Das Café am Bastorfer Leuchtturm** gesorgt (Tel. 038293/41 02 70, valentins-cafe.de). Im **Gutshof Bastorf** in der Kühlungsborner Straße 1 (Tel. 038293/645 62, gutshof-bastorf.de) wird der Gast mit bodenständiger regionaler Küche versorgt. Im Hof-Markt gibt es Bio-Lebensmittel aus der Region.
Seit mittlerweile über 100 Jahren fährt die **Bäderbahn Molli** auf der etwa 15 Kilometer langen Strecke von Bad Doberan über Heiligendamm bis ins heutige Kühlungsborn. Eine Fahrt mit der Dampflok wird heute zum kultigen Urlaubserlebnis. In den Sommermonaten sowie um die Jahreswende werden Fahrten mit einem Salonwagen, in dem warme und kalte Getränke sowie Kuchen und Gebäck serviert werden, angeboten. Weltweit bekannt wurde die Molli 2007 als offizielles und einziges Transportmittel des G8-Gipfels in Heiligendamm.

↑ TOP-Campingplatz Kühlungsborn
↓ Ostsee-Grenzturm aus DDR-Zeiten

Die frühgotische St.-Johannes-Kirche zu Rerik entstand zwischen 1250 und 1270.

KULTUR

KUNSTHALLE KÜHLUNGSBORN

Ein Tempel der Kunst erwartet den Besucher in der Kunsthalle Kühlungsborn an der Ostseeallee 48 (Tel. 038293/ 75 40, kunsthalle-kuehlungsborn.de). In der einstigen Lesehalle entstand um 1900 ein Jugendstiltempel direkt am Meer. Seit 1991 finden hier regelmäßig hochkarätige Ausstellungen und Konzerte mit regionalen und internationalen Künstlern statt. Ob beim jährlichen Jazzmeeting, bei einer der zahlreichen wechselnden Ausstellungen oder beim Gitarrenfestival im August – in der Kunsthalle gibt es zu jeder Jahreszeit anspruchsvollen Kunst- und Kulturgenuss.

Der Endbahnhof der Molli befindet sich in Kühlungsborn West in der Fritz-Reuter-Straße 1 und bietet mit dem Molli-Museum seit 1995 einen Ort für etwas Geschichte. Der Eintritt ist kostenlos. Im Museumscafé mit dem offenen Güterwagen wird der Gast auch gastronomisch verwöhnt.

FAMILIEN-OSTSEEBAD RERIK

Am nordöstlichen Ende des Salzhaffes, eines Teils der Wismarer Bucht zwischen dem Festland und der Halbinsel Wustrow, liegt Rerik. In Rerik an der Dünenstraße gibt es an der Johanniskirche einen kostenlosen, schattigen kleinen Parkplatz. Wer länger bleiben möchte, fährt den gebührenpflichtigen Parkplatz Rerik in den Dünen hinter dem Hafen gegenüber der Seebrücke an. Das einstige Fischerdorf Alt Gaarz wurde erstmals um 1250 urkundlich erwähnt.

Rerik
Kirche St. Johannes
Heimatmuseum Rerik
Naturerlebnis Salzhaff
Haffplatz
Schmiedeberg
Großsteingräber
28,5 km
Insel Poel

1938 erhielt der Ort mit seinen heute 2100 Einwohnern seine Stadtrechte und den Namen Rerik. Seinen besonderen Reiz hat sich das Ostseebad Rerik bis heute erhalten. Der Gast findet zu jeder Jahreszeit Erholung in intakter Natur, auf den Spuren der Vergangenheit, beim Baden, beim Sport oder bei ausgedehnten Spaziergängen entlang der Steilküste. Dabei wird in Rerik Familienurlaubern besonders viel geboten. Neben betreuten Spieloasen gibt es ein buntes Veranstaltungsprogramm für Groß und Klein sowie viel Platz zum Ausprobieren unterschiedlicher Sport- und Freizeitangebote wie Tauch- und Reitkurse oder Ruder- und Tretbootfahren.

Kirche für Schiffer und Fischer

Einzigartig im Norden präsentiert sich die frühgotische **St.-Johannes-Kirche** zu Rerik. Über Jahrhunderte hinweg hatte sie eine besondere Funktion: Mit ihrem quadratischen Turm, dem achtseitigen Helm namens Bischofsmütze und der in Norddeutschland einzigartigen barocken Gestaltung stellte sie für Schiffer und Fischer eine überlebenswichtige Landmarke dar. Die Pfarrkirche entstand zwischen 1250 und 1270. Nach einer alten Überlieferung soll eine dänische Königin die Kirche aus Dankbarkeit gestiftet haben, als sie in Seenot geriet und von Alt Gaarzer Fischern gerettet wurde.
Das Innere der Kirche wurde im 17. und 18. Jahrhundert vollständig umgestaltet. Der Barockmaler Hinrich Greve bemalte alle Wände und Gewölbe der Kirche in beeindruckender barocker Farbigkeit. Im 18. Jahrhundert vervollständigte eine spätbarocke Ausstattung vom Altar bis zur Orgel den harmonischen Kirchenraum. In ganz Norddeutschland gibt es keine zweite Dorfkirche von ähnlicher barocker Schönheit.
Das **Heimatmuseum Rerik** im alten Schulhaus in der Dünenstraße 4 (Tel. 0175/436 34 03), einem der ältesten Gebäude der Stadt, wurde 1953 gegründet. Neben vielen Zeitzeugnissen aus älterer und jüngerer Geschichte, die das Leben und Arbeiten im Ostseebad widerspiegeln, können Arbeiten einheimischer Künstler bestaunt und teilweise erworben werden.
In Abteilungen des Museums kann man sich auf die Spuren des Reriker Fischereiwesens begeben oder in eine noch tiefere Zeitepoche eintauchen und die umfangreiche Fossiliensammlung bewundern. Erheiternd wirken die Bademoden und -sitten früherer Zeiten, dargestellt anhand von Fotos und Requisiten.
Im **Café Olé** in der Dünenstraße 7 (Tel. 038296/782 39) direkt an der Kirche gibt es von 7 bis 12 Uhr ein reichhaltiges

Lauschiger Innenhof vor der Kurverwaltung von Rerik

AUSFLUG

NATURERLEBNIS SALZHAFF

Wildromantische Steilküste und Naturstrand wechseln sich in Rerik genauso ab wie rauschende Ostseebrandung und ruhiges Wasser im Haff. Das reizvoll gelegene Salzhaff, die angrenzenden Salzwiesen, Dünen und Vogelschutzgebiete stellen als Einheit eine Küstenlandschaft dar, die in ihrer Eigenart und Schönheit sowie in der Vielfalt ihrer Tier- und Pflanzenwelt einzigartig ist. Für zahlreiche Küstenvögel wie Seeschwalben, Säger, Enten, Kampfläufer, Rotschenkel und den Kiebitz sind die saftigen Salzwiesen der Umgebung ein ideales Brut- und Nahrungsgebiet, das als Europäisches Vogelschutzgebiet anerkannt wurde.

Frühstücksbuffet. Im **Gaststübchen Kuddel Daddel Du** in der Ostseeallee 21a, (Tel. 038293/62 14, kuddel-daddel-du.jimdofree.com) gibt es regionale Küche ohne viel Schnickschnack, lecker und zu fairen Preisen.

Im Sommer herrscht am Reriker **Haffplatz** und an der Promenade buntes Treiben. In vielen Restaurants und kleinen Geschäften gibt es kulturelle und kulinarische Spezialitäten aus Mecklenburg-Vorpommern zu entdecken.

Direkt neben dem Fischereianleger liegt der »Haffanleger«, ein Wasserwanderrastplatz im Salzhaff. Ganz in der Nähe legen auch die Ausflugsschiffe entlang der »verbotenen« Halbinsel Wustrow ab, deren Betreten für Touristen und Einheimische nur mit geführten Wanderungen möglich ist. Mehrmals täglich bietet in der Hauptsaison die MS Ostseebad Rerik Fahrten an. Die Rundfahrt auf dem Salzhaff dauert etwa zwei Stunden.

↑ Das »Lesecafe« – gepflegte Ferienwohnanlage im Ostseebad Rerik
↓ Blick auf die Schmiedebergdünen und das Salzhaff in Rerik

Ein markantes Bauwerk an Reriks Küste war die 170 Meter lange Seebrücke. Sie musste aber im Februar 2020 gesperrt werden, nachdem bei einer Begutachtung Schäden festgestellt wurden, die die Standsicherheit gefährden. Die Brücke soll als seeseitige Promenade neu gebaut werden.

Der **Schmiedeberg** ist ein beliebtes Ausflugsziel: Von hier aus genießt man einen herrlichen Rundumblick über das malerische Salzhaff, die Halbinsel Wustrow und die Ostsee. Der Aussichtspunkt ist Rest eines alten slawischen Burgwalls, der neben Kap Arkona das einzig bekannte Exemplar seiner Art unmittelbar an der Ostseeküste Mecklenburg-Vorpommerns ist.

3500 bis 2900 vor Christus bauten erste Siedler in hervorstechender Lage mit einem weiten Blick über das Salzhaff und die Ostsee ihre ersten Kultstätten. In der Gesamtheit der Bodendenkmale gehören die acht **Großsteingräber** von Rerik zu den ältesten erhalten gebliebenen menschlichen Bauwerken im Norden Deutschlands. Die volkstümlich auch Hünengräber genannten Großsteingräber entstanden in der Jungsteinzeit. Ein hohes technisches Verständnis und ein enormer personeller Aufwand waren für die Bewältigung des Transportes der Steine für den Bau solch beeindruckender Anlagen nötig. Führungen zu den Großsteingräbern werden regelmäßig angeboten.

↑ Die Seebrücke von Rerik
↓ Im Ostseebad Insel Poel

NATURERLEBNIS INSEL POEL

Die knapp 37 Quadratkilometer große Insel Poel liegt zwischen dem Salzhaff und der Wohlenberger Wiek in der Wismarbucht. Wer nur für einen Tagesausflug auf die Insel Poel möchte, nimmt den kostenlosen Parkplatz links hinter dem Ortsschild von Fährdorf und erkundet die Insel am besten mit dem Rad. Wer bleiben möchte, biegt hinter Niendorf von der L 121 links ab und stellt sein Wohnmobil auf dem privaten Stellplatz vom Poeler Forellenhof ab. Von dort hat man einen tollen Blick auf das gegenüberliegende Kirchdorf mit der Inselkirche. Mit etwas Glück kann man in der hauseigenen Räucherei beim Räuchern der Aale zuschauen.

Insel Poel
Inselkirche
Schlosswall
Inselmuseum
Poeler Strände
Gedenkstätte Cap Arcona
18 km
Wismar

Seit 1997 ist die Insel als Erholungsort und seit 2005 als Seebad staatlich anerkannt. Die gesundheitsfördernde Poeler Luft wirkt heilsam bei chronischen Hauterkrankungen und kann dazu beitragen, Beschwerden bei chronischer Bronchitis, Lungen-Asthma sowie bei allgemeiner Infektanfälligkeit zu lindern.

Der Hafen von Fährdorf auf der Insel Poel

Wer sich der Insel vom Festland nähert, erblickt schon von Weitem die Inselkirche von Poel. Die Evangelisch-Lutherische **Dorfkirche Kirchdorf** mit ihrem 47 Meter hohen Turm ist nicht zu übersehen. Die romanisch-gotische Backsteinkirche wurde Mitte des 13. Jahrhunderts erbaut und zeugt von der wechselvollen Geschichte der Insel. Der im 15. Jahrhundert erweiterte Sakralbau steht im nördlichen Teil der Wallanlagen, deren südlicher und sternförmiger Ring die Poeler Festung umschloss. Sehenswert sind die zwei geschnitzten Altäre aus dem Mittelalter: der Marienaltar und der Hauptaltar. Auf dem Schrein des Marienaltars aus der Zeit um 1470 sind Szenen aus dem Leben Mariens zu sehen. Im Mittelschrein wird eine apokalyptische Madonna im Strahlenkranz dargestellt. Der Hauptaltar ist um 1420 entstanden. Mittelschrein und Flügel des Schnitzaltars sind horizontal getrennt. Im Zentrum ist das damals beliebte Motiv der Marienkrönung zu sehen.

In Deutschland äußerst selten vorkommend ist die Grabplatte aus gotländischem Kalkstein, die sich neben dem Hauptaltar befindet. Zu weiteren Schätzen gehören ein Kruzifix aus der Zeit um 1450 und die im Jahr 1704 erbaute barocke Orgel. Auffallend sind auch die vier Glocken, die älteste stammt aus dem Jahr 1396.

Herzog Johann Albrecht II. beauftragte 1614 den Generalbaumeister Gerhart Evert Pilooth, eine Festungsanlage mit Schloss in Kirchdorf zu errichten. Es entstand ein imposantes Bauwerk aus zwei Teilen: eine fünfzackige Schlossanlage und ein Hornwerk in Form eines Sternschweifs, das von Wassergraben und elf Meter hohen Erdwällen umgeben war. Nach dem Dreißigjährigen Krieg verfiel das Schloss und die Poeler verwendeten die Steine für den Bau ihrer Häuser. Von der gesamten ehemaligen Festungsanlage sind heute nur noch die Wallanlagen zu sehen. Nur die Kirche, die von Pilooth geschickt im Festungsbau mit einbezogen wurde, steht nach wie vor unversehrt auf ihrem Platz. Heute wird der **Schlosswall** für Veranstaltungen, Märkte und ein Open-Air-Kino genutzt. Ein Modell des Poeler Schlosses und

der Kirche befindet sich im Außenbereich des Inselmuseums.
Das **Inselmuseum Poel** in der ehemaligen Dorfschule im Möwenweg 4 präsentiert auf 250 Quadratmetern eine umfangreiche, regional begrenzte Sammlung zur Natur- und Heimatkunde der Insel. Einzelne Bereiche sind der landwirtschaftlichen Entwicklung, der Fischerei, dem Bootsbau und der touristischen Entwicklung auf Poel gewidmet. Eine ständige Ausstellung zum Leben und Werk des Malers Karl Christian Klasen vervollständigt die Sammlung. Im Außenbereich befindet sich neben dem Modell des Poeler Schlosses auch der Poeler Findlingsgarten mit einer Zeitreise durch zwei Milliarden Jahre Erdgeschichte.
Die maritim dekorierte Gaststätte **Poeler Forellenhof** in der Wismarschen Straße 13 (Tel. 04938/425 42 00, poeler-forellenhof.de) serviert Fisch aus der eigenen Räucherei – gemütlich und lecker. Das **Gasthaus zur Insel** in der Wismarschen Straße 19 (Tel. 038425/426 15, gasthauszurinsel.de) bietet regionale Küche, ganz nach Mecklenburger

Votivschiff in der Dorfkirche Kirchdorf

Art und mit Ostsee-Duft, gut, bürgerlich, reichlich und preiswert – und je nach Saison frisch auf den Tisch.
Mehr als elftausend Meter Strand verbinden das grüne Land Poels mit der Ostsee. Von Gollwitz im Norden über den Schwarzen Busch und Timmendorf-Strand an der Westküste bis nach Hinter Wangern im Süden. Die einzelnen Strände unterscheiden sich hinsichtlich der Wassertiefen, der Strand-

Die Evangelisch-Lutherische Dorfkirche Kirchdorf ist nicht zu übersehen.

Floh- und Trödlermarkt am Inselmuseum in Kirchdorf

beschaffenheit, der Art der Bewirtschaftung sowie der Erreichbarkeit. Die Strände fallen aber ausnahmslos alle sehr sanft ab und ermöglichen auch kleinen Badegästen, weit ins Wasser hinauszugehen. Durch seine geringe Tiefe erwärmt sich das Wasser überdurchschnittlich schnell.

An der Westküste befindet sich unmittelbar neben dem Hafen der **Strand von Timmendorf** mit seinem ausgesprochen maritimen Flair. Schon von Weitem ist der imposante Leuchtturm von Timmendorf zu sehen, der seit 1871 den Schiffen ihren Weg nach Wismar weist. Auf rund 700 Metern finden hier vor allem junge und junggebliebene Badegäste alles, was ihr Herz begehrt. Zahlreiche Wassersportmöglichkeiten – von Wasserski über Kiten bis hin zum Surfen – verwandeln den Strand von Timmendorf während der Badesaison in einen der lebendigsten Orte der Insel Poel.

Der **Strand von Gollwitz** lädt vor allem Naturfreunde und Eltern mit kleinen Kindern ein. Durch die unmittelbare Nähe zur vorgelagerten Vogelschutzinsel Langenwerder bieten sich hier einmalige Gelegenheiten, seltene Vogelarten zu beobachten. Außerhalb der Brutzeit (Juli bis Oktober) werden organisierte Führungen mit einem Ornithologen angeboten. Ein kleiner Abenteuerspielplatz in Form eines gestrandeten Piratenschiffes erfreut jedes Kinderherz.

Die ersten Kurgäste auf Poel badeten in den 20er-Jahren des letzten Jahrhunderts am Badestrand **Am Schwarzen Busch**. Der nur 1,3 Kilometer von Kirchdorf entfernte feine Sandstrand hat in den letzten Jahren an Breite gewonnen und sich zu einem der beliebtesten Strände auf Poel entwickelt. Direkt hinter dem Strand befindet sich eine neue Promenade mit zahlreichen gastronomischen Einrichtungen und Freizeitangeboten.

Im Süden der Insel trifft man auf den **Naturstrand Hinter Wangern**. Der Strandabschnitt dient vor allem den Freunden der Freikörperkultur (FKK) als Refugium.
Die drei größten **Häfen** auf der Insel Poel befinden sich in Timmendorf, in Kirchdorf und in Niendorf. Der größte Hafen auf Poel ist jener von Kirchdorf. Er liegt Im Herzen der Insel am Kirchsee. Hier lohnt sich ein Besuch ganz besonders, denn es ist immer etwas los: Fischkutter laufen ein, Segelyachten liegen vor Ort oder Fahrgastschiffe kommen und fahren ab. In und um die Häfen kann man dann alles finden: Strand und Natur, Kultur und Kulinarik.
Wir beschließen unsere Seebad-Tour in der Hanse und Weltkulturerbe-Stadt **Wismar**. Wer möchte, kann hier noch einen längeren Aufenthalt einplanen. Entgehen lassen sollte man sich das städtebauliche Kleinod aber auf gar keinen Fall (siehe Route 2 / Städtetour – Hansezeit und Backsteingotik).

↑ Poeler Räucheraale

↓ Forellenhof auf der Insel Poel

SPECIAL

GEDENKSTÄTTE CAP ARCONA

Die Cap Arcona war ein Luxusdampfer, der nach dem Kap Arkona auf der Insel Rügen benannt und das Flaggschiff der Hamburg-Südamerika-Linie war. Das Schiff wurde am 3. Mai 1945 kurz vor Ende des Zweiten Weltkriegs durch britische Flugzeuge versenkt, wobei die meisten der 4600 KZ-Häftlinge an Bord ums Leben kamen. Viele Opfer des Unterganges wurden auch an die Küste der Insel Poel gespült. Heute erinnern eine Gedenkstätte Am Schwarzen Busch und eine kleine, ständige Sonderausstellung im Inselmuseum an diese schreckliche Katastrophe in der Lübecker Bucht.

PRAKTISCHE HINWEISE

TOURISTINFORMATIONEN

Touristinformation Warnemünde/Rostock
Am Strom 59/
Ecke Kirchenstraße,
18119 Warnemünde,
Tel. 0381/381 22 22,
rostock.de/urlaub/touristinfo

Touristinformation Bad Doberan-Heiligendamm
Klosterstraße 1c (Alte Vogtei),
18209 Bad Doberan,
Tel. 038203/621 54,
bad-doberan-heiligendamm.de

Tourismus, Freizeit & Kultur GmbH Kühlungsborn
Ostseeallee 19,
18225 Ostseebad Kühlungsborn,
Tel. 0382/93 84 90,
kuehlungsborn.de

Kurverwaltung Ostseebad Rerik
Dünenstraße 7,
18230 Ostseebad Rerik,
Tel. 0382/967 84 29,
rerik.de

Kurverwaltung Ostseebad Insel Poel
Wismarsche Straße 2,
23999 Ostseebad Insel Poel
OT Kirchdorf,
Tel. 0384/252 03 47,
insel-poel.de

STELL- UND CAMPINGPLÄTZE

S 600 **Wohnmobilstellplatz Warnemünde** (S. 187 E1)
Parkstraße 47,
18119 Warnemünde/Rostock,
Tel. 0381/45 67-23 35
GPS: 54.18012, 12.05793
Der Stellplatz ist ausschließlich für autarke Caravans und Wohnmobile zu nutzen, denn er bietet weder Stromversorgung noch Ver- und Entsorgung. Die Lage des Stellplatzes ist jedoch so schön, dass es sich trotzdem lohnt, hier einen Zwischenstopp einzulegen.

C 601 **Ferien-Camp Börgerende** (S. 186 D1)
Deichstraße 16, Börgerende,
Tel. 038203/811 26,
ostseeferiencamp.de/campingplatz-bad-doberan.html
GPS: 54.15239, 11.90058
Gepflegter Campingplatz in der Nähe von Bad Doberan – mit großen Stellplätzen und modernen Sanitäranlagen. Der Platz liegt direkt an der Ostsee. Die gute Lage bedeutet kurze Wege zum Strand und mildes Meeresklima während des Aufenthalts.

C 602 **Campingpark Kühlungsborn** (S. 186 C1)
Waldstraße 1b, Kühlungsborn (Ortsteil West),
Tel. 0382/93 71 95,
topcamping.de
GPS: 54.15133, 11.71996
5-Sterne-Zeltplatz direkt am Ostseestrand in bester Lage. Umfangreiche Sport-, Kinder-, Aktiv- und Abendveranstaltungen in der Saison. Aus-

Ferien-Camp Börgerende

Campingpark Kühlungsborn

Wohnmobilstellplatz Poeler Forellenhof

gangspunkt für Wanderungen und Radtouren durch die Umgebung von Kühlungsborn.

S 603 **Wohnmobilstellplatz Poeler Forellenhof** (S. 186 A3)
Niendorf 13, 23999 Insel Poel,
Tel. 0384/25 42 00, insel-poel.reisen-ist-freiheit.com
GPS: 53.99458, 11.44599
Gebührenpflichtiger Stellplatz für 15 Wohnmobile am Ortsrand von Niendorf. Neben einer Gaststätte, mit schöner Aussicht, super gelegen und günstig.

5-Sterne-Zeltplatz Kühlungsborn

Wohnmobilstellplatz Poeler Forellenhof

Blick vom Wohnmobilstellplatz Forellenhof auf Kirchdorf auf der Insel Poel

REISEINFOS VON A BIS Z

Ein wenig nützliches Wissen vorab sorgt für stressfreies Reisen mit dem Wohnmobil.

Molli, die älteste Schmalspurbahn der Ostseeküste zwischen Kühlungsborn und Bad Doberan

ANREISE

Im Zeitalter des Smartphones hat sich die Reiseplanung ziemlich verändert. Man googelt sich den schnellsten, direktesten und spritsparendsten oder mautfreien Weg zu seinem Ziel. Dabei hat man die Wahl zwischen dem fest im Reisemobil eingebauten Navigationsgerät und dem Mobiltelefon. Aus eigener Erfahrung können wir sagen, dass das Mobiltelefon der zuverlässigste, schnellste und unkomplizierteste Weg ist, um an sein Ziel zu kommen. Es ist von Vorteil, eine Stellplatz-App auf seinem Smartphone zu haben.
Der gängigste und schnellste Weg, um nach Mecklenburg-Vorpommern zu gelangen, ist auf jeden Fall jener über die Autobahn A 7.

CAMPING- UND WOHNMOBILSTELLPLATZ

Campingplätze sind in der Regel voll ausgestattet. Es gibt Sanitärgebäude, Ver- und Entsorgungsstationen, meist ein Restaurant und ein Geschäft, eine Rezeption und diverse Freizeitangebote. Campingplätze sind für alle geeignet: für Reisende mit Zelt, Wohnwagen und Wohnmobil.
Wohnmobilstellplätze hingegen sind nur für Wohnmobile gedacht – und sie variieren stark. Es gibt sehr moderne, die ähnlichen Komfort bieten wie die Campingplätze, und es gibt die Kategorie Parkplatz. Besonders kommunale Wohnmobilstellplätze befinden sich oftmals am Rand eines bereits bestehenden Parkplatzes. Hier kann man das Wohnmobil abstellen und übernachten, doch es gibt keine Infrastruktur. Autarke Wohnmobilisten brauchen manchmal auch nicht mehr. Die meisten Plätze haben Stromanschlüsse und die Möglichkeit der Versorgung mit Frischwasser, der Entsorgung von Grauwasser und der Fäkalien. Manche Plätze sind sogar kostenfrei. Wohnmobilstellplätze sind in der Regel unkomplizierter in der Anmeldung und auch in puncto Anreisezeiten. Üblicherweise gibt es hier keine zeitlichen Begrenzungen oder Mittagspausen. In vielen Fällen existiert auch keine Schranke.

Wohnwagen sind auf den wenigsten Wohnmobilstellplätzen gestattet. Nicht autarke Camper, also ohne Toilette an Bord, sollten immer auf die Plätze mit Sanitäranlagen reisen.

ENTSORGUNG

Die meisten Wohnmobilstellplätze und alle Campingplätze bieten die Möglichkeit, Grauwasser und Fäkalien zu entsorgen. Das Entsorgen darf ausschließlich in den dafür vorgesehenen Entsorgungsstellen erfolgen. Will man nicht auf einem Campingplatz übernachten, so kann man meist trotzdem dort gegen eine kleine Gebühr sein Abwasser zurücklassen. Auf Wohnmobilstellplätzen sind die Entsorgungsstellen in vielen Fällen frei oder gegen einen Obolus erreichbar. Es ist auf jeden Fall zu unterlassen, das Grauwasser oder die Chemietoilette am Straßenrand oder in die Natur zu entleeren.

ESSEN

Verhungern oder verdursten muss in Mecklenburg-Vorpommern niemand. Fast überall finden sich Wirtshäuser und Gasthöfe sowie zahlreiche Cafés, in denen es Kleinigkeiten zu essen gibt. Wer sich auf eine bestimmte Wirtschaft freut, sollte vorab im Internet die Öffnungszeiten recherchieren.

FAHRRAD

Das Fahrrad sollte man auf keinen Fall im heimischen Keller vergessen. Von den Wohnmobilstell- oder Campingplätzen kann man zahlreiche Ausflüge mit dem Rad unternehmen. Entlang der Strände und Seen, in den Naturparks und auf den Inseln laden viele schöne, flache Touren ein. Auch in den Städten ist das Fahrrad eine gute Wahl, um vom Übernachtungsplatz zu den Sehenswürdigkeiten zu gelangen. Und selbst wenn es keine Besichtigung, sondern nur eine Fahrt durch die Natur sein soll, klappt das auf den zahlreichen Fahrradwegen wunderbar.

GESCHWINDIGKEITEN FÜR WOHNMOBILE

Für kleine Wohnmobile und Kastenwagen, sprich Fahrzeuge bis 3,5 Tonnen, gelten in Deutschland die gleichen Regelungen wie für Pkw: auf Landstraßen also maximal 100 km/h und auf Autobahnen eine Richtgeschwindigkeit von 130 km/h. Wohnmobile bis 7,5 Tonnen dürfen außerhalb von Ortschaften nur 80 km/h und auf Autobahnen 100 km/h fahren. Größere Wohnmobile mit einem Gewicht von über 7,5 Tonnen dürfen maximal 60 km/h und auf Autobahnen nur 80 km/h schnell fahren.

GEWICHT UND HÖHE

Wohnmobile gibt es in den unterschiedlichsten Größen und Formen. Die meisten Stellplätze sind für Wohnmobile bis 3,5 Tonnen

Radweg auf der Halbinsel Wittow

und eine Länge bis zu 7 Metern gut geeignet. Wer mit einem größeren Gefährt unterwegs ist, sollte sich individuell erkundigen. Bei einigen Touren gibt es Begrenzungen in der Durchfahrtshöhe auf 3,5 Meter. Bitte auch hier selbst schauen und kalkulieren.

FEUER UND GRILLEN

Feuer machen und auf Holzkohle grillen ist fast überall verboten – auf den engeren Stellplätzen in Stadtnähe allein schon aus Rücksicht auf die Nachbarn, in freier Natur wegen der immer größer werdenden Wald- und Flächenbrandgefahr. Aber ab und an gibt es besondere Picknickplätze mit Feuerstellen, wobei auch diese nur benutzt werden dürfen, wenn nicht gerade Trockenheit herrscht. Gegen Gas- oder Elektrogrills gibt es selten Einwände.

HUNDE

Besitzer von Vierbeinern sollten sich informieren, wo ihre Lieblinge gern gesehene Gäste sind. Es gibt Campingplätze, die Hundeduschen und alles, was das Hundeherz begehrt, anbieten. Andere wollen keine Hunde. Auch auf manchen Stellplätzen sind sie nicht erwünscht. Auf See- und Strandpromenaden sowie in Naturschutzgebieten gilt meist Leinenpflicht, manchmal herrscht ein komplettes Verbot für Hunde. Es versteht sich von selbst, dass überall alle Hundehaufen beseitigt werden, auch die von einer Wiese.

Kunsthandwerk im Angebot

INFORMATIONEN

In den meisten Ortschaften und Städten helfen Touristinformationen bei der Planung und beim Aufenthalt vor Ort. Auch in den Rezeptionen der Campingplätze erhält man Material über die jeweilige Region. Ansonsten bleibt der Weg ins Internet, wo sich jede Ortschaft umfangreich vorstellt. Die Touristinformationen werden mitsamt ihrer Adresse und Website am Ende jeder Route erwähnt.

MÜNZEN

Die meisten Wohnmobilfahrer führen im Handschuhfach ein paar Münzen mit sich. Damit können die Ticketautomaten oder die Stromzähler auf den Wohnmobilstellplätzen gefüttert werden. Auch für die Entnahme von Wasser werden oftmals Münzen benötigt, erst recht, wenn dankenswerterweise auch kleine Wasserabgaben möglich sind.

ÖFFNUNGSZEITEN

Generell gilt für das Einkaufen, dass große Supermärkte von Montag bis Samstag zum Teil bis Mitternacht, jedoch mindestens bis 20 Uhr geöffnet sind. Kleinere Läden schließen gegen 18 Uhr und am Samstag am frühen Nachmittag. Metzgereien und Bäckereien machen oft Mittagspausen. Museen sind meist montags geschlossen. Kleine, ehrenamtlich geführte Museen sind häufig nur am Wochenende oder gar nur sonntags geöffnet.

PARKEN

Mit großen Fahrzeugen kann die Suche nach einem geeigneten Parkplatz manchmal etwas dauern. Gerade an Touristen-Hotspots gibt es Engpässe, da reichen die Parkplätze nicht immer für alle. Auf keinen Fall darf man sich in Parkverbotszonen stellen oder Ein- und Ausfahrten, auch nicht die von landwirtschaftlichen Wegen, oder gar Noteinsatzwege blockieren. Besser ist es, etwas außerhalb zu parken und auf das Fahrrad oder öffentliche Verkehrsmittel für die letzte Strecke zurückzugreifen. Wichtig: Immer ein wenig Kleingeld für die Parkautomaten parat haben, auch wenn sich Parkgebühren immer öfter auch mit Apps wie Park Now oder EasyPark per Handy bezahlen lassen.

SEHENSWÜRDIGKEITEN

Fast alle Sehenswürdigkeiten und Attraktionen sind mit dem Wohnmobil gut erreichbar. Meist stehen ausreichend Parkplätze zur Verfügung, von denen jedoch nicht alle kostenfrei sind. Auch die Sehenswürdigkeiten selbst sind unterschiedlich zugänglich. Manche sind kostenlos, andere müssen bezahlt werden.

TELEFON UND INTERNET

Man sollte sich nicht darauf verlassen, ausschließlich mit dem Smartphone navigieren zu können oder überall über mobile Daten ins Internet zu kommen. Wer unterwegs online arbeiten möchte, muss unter Umständen länger nach einem geeigneten Stellplatz suchen. Ein kleiner Lichtblick sind die immer zahlreicher werdenden freien Stadt-WLAN-Optionen.

Hofcafé und Weltladen in Röbel

WANDERN

Mecklenburg-Vorpommern bietet zahlreiche Wandermöglichkeiten. Es lohnt sich daher, die Wanderschuhe mit in das Wohnmobil zu packen. Zahlreiche Ziele lassen sich bei einer wunderbaren Tour von den Campingplätzen, Stellplätzen und Parkplätzen bequem erreichen. Ein Großteil der Touren ist für jeden zu schaffen, der ein wenig Wandererfahrung und Kondition mitbringt. Für alle Wanderungen gilt natürlich, dass man sich nur mit entsprechender Kleidung und Verpflegung auf den Weg macht. Dazu gehören in erster Linie festes Schuhwerk und Proviant.

Auf dem Campingpark am Ziegenmarkt im Seebad Malchin

PACK- UND CHECKLISTEN

Weniger ist beim Campen mehr, doch einige Dinge sollte man unbedingt dabeihaben.

CAMPING-PACKLISTE

ALLGEMEIN

DIE BORDAPOTHEKE

- ◯ Persönliche Medikamente
- ◯ Sonnenschutz und After-Sun
- ◯ Mücken- / Zeckenschutz
- ◯ Erste-Hilfe-Set / Wundpflege
- ◯ Ohrstöpsel

HYGIENE AN BORD

- ◯ Toilettenpapier
- ◯ Kosmetikartikel
- ◯ Handwaschmittel
- ◯ Hand- und Duschtücher

DER KLEIDERSCHRANK

- ◯ Kleidung für alle Einsätze
- ◯ Badesachen
- ◯ Wetterfeste Regenkleidung
- ◯ Schuhe

DIE AUSSTATTUNG ZUM WOHNEN AUF DEM CAMPINGPLATZ

- ◯ gemütliche Campingmöbel
- ◯ Sonnenschutz (verspannbar)
- ◯ Windlichter und evtl. Lichterkette
- ◯ Kuscheldecke für kühle Abende
- ◯ Wäscheleine und -klammern
- ◯ Grill und Feuerschale
- ◯ Hängematte
- ◯ Strandtuch

ESSENZIELLES

- ◯ Reisepass nach Bedarf
- ◯ Kfz-Schein
- ◯ Grüne Versicherungskarte
- ◯ Schutzbrief eines Automobilclubs oder Versicherung
- ◯ Bargeld in kleinen Scheinen
- ◯ Personalausweis
- ◯ EC- und Kreditkarten

NOTIZEN

CHECKLISTE

CAMPERKÜCHE

GRUNDAUSSTATTUNG

- ◯ Teller, Schüsseln und Schalen
- ◯ Besteck und Küchenmesser
- ◯ Trinkgefäße
- ◯ Pfannen & Töpfe
- ◯ Schneidebrett aus Holz
- ◯ Korkenzieher, Flaschen- und Dosenöffner, Schere
- ◯ Küchenpapier, Alufolie
- ◯ Aufbewahrungsdosen in verschiedenen Größen (stapelbar)
- ◯ Mülltüten (kleine und große)
- ◯ Spülschüssel, Geschirrtücher, Spülmittel
- ◯ Handfeger für den Innenraum
- ◯ Feuerzeug, Streichhözer
- ◯ Ökologisches Putzmittel

GRUNDAUSSTATTUNG NAHRUNGSMITTEL

- ◯ Kaffee und Tee
- ◯ Gewürze, Salz, Pfeffer, Zucker
- ◯ Trinkwasser

PACKLISTE KÜCHE KOMFORTABEL

- ◯ Topflappen
- ◯ Schneebesen
- ◯ Sieb: klein und feinmaschig
- ◯ Reibe: grob und fein
- ◯ Backpinsel
- ◯ Küchenwaage
- ◯ Knoblauchpresse
- ◯ Pfeffermühle
- ◯ Teigschaber für Bäcker/innen
- ◯ Gemüseschäler

NOTIZEN

PACKLISTEN FÜR ALLE FÄLLE

KINDER | WERKZEUG | BELEUCHTUNG

MIT KINDERN UNTERWEGS – WICHTIGER KINDERKRAM

- ◯ Schnorchelzeug und Flossen und / oder Schwimmhilfen, Sonnenschutz
- ◯ Neoprenanzüge bei kalten Wassertemperaturen
- ◯ Fahrräder, Roller, Skateboards und andere Sportgeräte
- ◯ Kleine Boxen zum Sammeln von Fundstücken
- ◯ Großes Reisetagebuch, in dem alle mitschreiben und malen, Stifte
- ◯ Hängematte mit Mückennetz ist fast ein Garant für Mittagsschlaf
- ◯ Musik, Bücher und Hörspiele
- ◯ Taschenlampen, Stirnlampen (für jedes Kind eine eigene)
- ◯ Fernglas, Kompass, Taschenmesser
- ◯ Reisespiele und Tablet mit Spielen und Filmen

IMMER DABEI: WERKZEUG-GRUNDAUSSTATTUNG

- ◯ Ein Multitool / Bitkasten mit vielen verschiedenen Schraubenziehern, Inbus- und Steckschlüsseln
- ◯ Dose WD40 oder Ballistol Universalspray: Diese »Geheimwaffen« lösen verrostete Schrauben, schmieren die quietschende Markise oder verhindern das Vereisen der Türgummis u.Ä.
- ◯ Panzertape (gewebeverstärktes Universalklebeband)
- ◯ Kfz-Sicherungen aller Art
- ◯ Sekundenkleber
- ◯ Universalzange
- ◯ Klappspaten (Befreiung aus sandigen, tiefschotterigen Untergründen)
- ◯ Hammer
- ◯ Kabelbinder und stabile Schnüre

BELEUCHTUNG ALLER ART ZUM WOHLFÜHLEN

- ◯ Lichterketten
- ◯ Leselampen
- ◯ Kerzen bzw. Windlichter

NOTIZEN

PACKLISTEN FÜR ALLE FÄLLE

BEHÄLTER | SAUBERKEIT

TIPP: VERSCHIEDENE BEHÄLTER AN BORD

- ◯ Ein kleiner Rucksack für die Fährfahrt, den Tagesausflug zum Sightseeing
- ◯ Ziploc-Beutel, mit denen man beispielsweise das Handy gut gesichert an den Strand nehmen kann
- ◯ Kleine Müllbeutel für den täglichen Müll
- ◯ Große Müllbeutel für das schnelle Aufbewahren von nassem Badezeug oder noch feuchter Wäsche. Außerdem auch gut, um gesammeltes Feuerholz aufzubewahren.

SAUBERKEIT SCHAFFT FRIEDEN

- ◯ Faltschüssel zum Abspülen und Wäschewaschen in den manchmal nicht so sauberen Sanitäranlagen der Campingplätze. Damit kann man außerdem gut das Geschirr transportieren.
- ◯ Öko-Allzweckreiniger und Öko-Spülmittel
- ◯ Schwämme
- ◯ Küchenrolle
- ◯ Fußmatte (für den größten Schmutz, kann schnell ausgeschüttelt werden)
- ◯ Handwaschmittel
- ◯ Waschmittel in Einzelportionen

NOTIZEN

CHECKLISTE

FÜR EIN GEMIETETES WOHNMOBIL

Da die Kaution für ein Mietmobil nicht unerheblich und schon im kleinsten Schadensfall verloren ist, sollte das Fahrzeug vor der Übernahme genauestens überprüft werden. Vor allen Dingen der Wohnmobil-Neuling sollte sich die Funktionen ganz genau erklären lassen, um für den Urlaub gut gerüstet zu sein. Empfehlenswert ist es, folgende Checkliste mitzunehmen, Punkt für Punkt abzuhaken und vom Vermieter unterschreiben zu lassen.

AUSSEN

- ○ Beschädigungen an Karosserie, Stoßfängern, unter den Stoßfängern, auf Scheiben
- ○ Reifenzustand, evtl. einseitige Abnutzung, Luftdruck
- ○ Dach, Einschläge durch herabfallende Teile
- ○ Gepäckträger bzw. Fahrradträger auf dem Kugelkopf auf Funktion prüfen
- ○ Warntafel vorhanden
- ○ Umweltplaketten vorhanden
- ○ Markise, Abspannbänder vorhanden
- ○ Unterlegkeile

INNEN

- ○ Gereinigter Zustand
- ○ WC und Bad in Ordnung, WC-Kassette geleert
- ○ Küche sauber, Kochfeld
- ○ Besteck auf Vollständigkeit prüfen
- ○ Töpfe und Pfannen, Gläser, Geschirr
- ○ Kühlschrank auf Funktion prüfen bei a) Landstrom, b) Gas, c) Lichtmaschine automatische Umschaltung
- ○ Heizung bzw. Warmwasseraufbereitung prüfen, Boiler füllen und entleeren, Funktion des automatischen Ablasses erklären lassen
- ○ Auslasshähne in Bad, Küche auf Funktion Warm-/Kaltwasser prüfen, inkl. Duschkopf
- ○ Elektro-Sicherung und Fehlerschalter prüfen
- ○ Sitze und Möbel auf Abnutzung, bzw. Beschädigung oder Verunreinigung prüfen
- ○ Matratzen auf Sauberkeit prüfen
- ○ Campingstühle und Tisch

TECHNIK

- ○ Motoröl
- ○ Kühlflüssigkeit
- ○ Scheibenwaschwasser
- ○ Bremsflüssigkeit
- ○ 2 volle Gasflaschen
- ○ Frischwassertank
- ○ Abwassertank, Ablassventil
- ○ Funktion der Scheibenheber, Spiegeleinstellung und Rückfahrkamera
- ○ Reparaturkit für Reifen
- ○ Warndreieck, Warnwesten, Verbandskasten
- ○ Werkzeug
- ○ Kompletter Schlüsselsatz, am besten zweifach
- ○ CE-Stecker und Kabeltrommel

CHECKLISTE

BEI VERLASSEN DES CAMPINGPLATZES

AUSSEN

- ◯ Ist der Stromstecker gezogen?
- ◯ Ist die Kabeltrommel verstaut?
- ◯ Ist die Trittstufe eingefahren?
- ◯ Wurde die Fußmatte schon hineingeräumt?
- ◯ Liegt das Solarpaneel schon im Kofferraum?
- ◯ Ist die Wäscheleine eingepackt?
- ◯ Sind alle Campingmöbel im Fahrzeug verstaut?
- ◯ Wurde aller Müll vom Platz geräumt?

OBEN

- ◯ Ist die TV-Schüssel eingefahren?
- ◯ Sind die Dachboxen fest verschlossen?
- ◯ Ist das Aufstelldach geschlossen und verriegelt?

UNTEN

- ◯ Ist man von den Auffahrkeilen heruntergefahren?
- ◯ Sind die Keile auch wirklich eingepackt?
- ◯ Liegen vielleicht noch die Gummitiere unter dem Auto?

INNEN

- ◯ Fest verriegelt?
- ◯ Ist der Kühlschrank verriegelt? Bei Bedarf schon auf 12 V umgestellt?
- ◯ Sind wirklich alle Schränke und Schubladen geschlossen?

NOTIZEN

REGISTER

PS: WAS WIR NOCH SAGEN WOLLTEN …

Wie schon gesagt, es gibt wohl kaum ein idealeres Reiseziel für Wohnmobile in Deutschland als Mecklenburg-Vorpommern. Abwechslungsreicher und entspannter als im Nordosten Deutschlands kann ein Urlaub mit dem Wohnmobil kaum sein.

Man hat die Qual der Wahl zwischen Meer und See, Sandstrand und Steilküste, Insel und Naturpark, Stadt und Land … Zur Auswahl stehen zudem eine Vielzahl von Angeboten und Möglichkeiten: vom einfachen, teils kostenlosen, teils kostenpflichtigen, zentral gelegenen Wohnmobilplatz über kleine, versteckte Naturcampingplätze bis hin zu 5-Sterne-Luxus-Campingplätzen am Meer. Für jeden Urlaubs-Geschmack ist etwas dabei, egal ob man wenige Tage oder mehrere Wochen bleiben möchte, Ruhe und Natur sucht oder Action und Unterhaltung.

Mecklenburg-Vorpommern ist zudem fürs Fahrradfahren prädestiniert. Durch weite, ebene Landschaften, über sanfte Hügel, Dünen, Uferpromenaden und Waldwege lässt sich die Region mit dem Rad wohl am besten erkunden und kennenlernen. Und auch in den Städten empfiehlt es sich, mit dem Fahrrad auf Erkundungstour zu gehen. Unser Tipp: Ein leichtes Rad, wie zum Beispiel ein Gravelbike, sollte erste Wahl sein. Damit ist es kein Problem, bis zu hundert Kilometer am Tag zurückzulegen. Es macht Spaß, man hat Bewegung und verbraucht keinen Sprit.

Wir wünschen eine gute Fahrt und viel Spaß beim Entdecken der traumhaft schönen Urlaubsregion Mecklenburg-Vorpommern,

Udo Bernhart & Herbert Taschler

UNSER NACHHALTIGKEITSKODEX

Die Welt birgt viele Wunder, Abenteuer und spektakuläre Aussichten, die wir gerne erkunden möchten. Doch sie ist auch leicht aus dem Gleichgewicht zu bringen. Hier ein paar Tipps, wie wir unsere Welt nachhaltig entdecken können:

- **Abfall wieder mitnehmen:** Plastikverpackungen jeglicher Art, Dosen, Flaschen und Papiertaschentücher (es dauert Jahre, bis sich ein einzelnes Taschentuch vollständig abgebaut hat!) gehören nicht in die Natur, sondern artgerecht entsorgt. Dazu zählen natürlich auch Toilettenpapier und der Inhalt von (Chemie-)Toiletten. Entsprechende Entsorgungsstationen finden sich überall.

- **Ressourcen gewissenhaft nutzen:** Manche Umweltressourcen sind bereits knapp, endlich sind auf jeden Fall alle. Um sie zu schonen, sollten wir sparsam mit ihnen umgehen, gerade in Gegenden, in denen zum Beispiel Wasser oder Strom nicht im Überfluss vorhanden sind.

- **Ein guter Gast sein:** Nachhaltig unsere Umgebung zu erkunden bedeutet auch, der hiesigen Flora und Fauna mit Respekt zu begegnen. Pflanzen sollten auf keinen Fall gepflückt werden, aber sie stehen uns bestimmt gerne Modell für das eine oder andere Foto. Das Gleiche gilt für wilde Tiere: Wir füttern sie nicht, halten Abstand und beobachten sie aus der Ferne.

- **Lokal kaufen:** Dadurch lernen wir nicht nur Land und Leute besser kennen und unterstützen die regionale Wirtschaft, sondern können auch so unsere Campingküche mit frischen Produkten nachhaltig gestalten.

- **Flexibel bleiben:** Camper sind keine Rudeltiere. Wir schonen die Natur auch, indem wir einen Ort nicht geballt belasten. Einen tollen Stellplatz entdeckt? Wir behalten es für uns und teilen ihn am besten nicht mit der Öffentlichkeit. Übrigens gibt es inzwischen vielerorts auch nachhaltige Campingplätze.

- **Umweltbewusst fahren:** Reisen mit dem Auto oder Womo sind grundsätzlich umweltfreundlicher als mit dem Flugzeug, dennoch können wir noch mehr tun und zum Beispiel den Kraftstoffverbrauch minimieren, indem wir vorausschauend fahren, so wenig Last wie möglich mit uns führen und die Umgebung vor Ort mit dem Fahrrad oder zu Fuß erkunden.

- **Nur dort parken und campen, wo es erlaubt ist:** Selbst wenn wir uns noch so vorbildlich verhalten und unseren Aufenthaltsort so hinterlassen, wie wir ihn vorgefunden haben, stören wir den Lebensraum von Wildtieren und hinterlassen Spuren und Gerüche. Auch Lagerfeuer entzünden wir ausschließlich an den dafür vorgesehenen Stellen und achten dabei auf Waldbrandstufen und Naturschutzgebiete.

Unterwegs auf der Deutschen Alleenstraße bei Malchin in der Mecklenburgischen Seenplatte

STRASSEN-ATLAS

Die sechs Routen im Überblick – mit eingezeichneten Übernachtungsmöglichkeiten mit dem Wohnmobil auf Stell- oder Campingplatz

DÄNEMARK
Flensburg
Schleswig
Kieler Bucht
Fehmarn
Fehmarnbelt
Kiel
Rendsburg
Mecklenburger Bucht
Lübecker Bucht
Lübeck
Elbe
Rügen
Hiddensee
Darß
Zingst
184
185
Stralsund
Greifswald
Usedom
ROSTOCK
186
187
190
191
Wismar
Güstrow
188
189
Schwerin
Schweriner See
HAMBURG
Waren/ Müritz
Neu-brandenburg
SZCZEC
Parchim
Müritz
Neustrelitz
Elbe
Uelzen
Kyritz
POLEN
Oranienburg
Oder
Stendal
BERLIN
HANNOVER
Wolfsburg
Brandenburg
Frankfurt/ Oder
Potsdam
Braunschweig
Salzgitter
Magdeburg
Bernburg
Lutherstadt Wittenberg
COTTBUS
Göttingen
Halle
Elbe
Kassel
Leipzig
Dresden
Erfurt
Gera
Chemnitz
Zwickau

LEGENDE

1	Route 1 - INSELTOUR RÜGEN
2	Route 2 - STÄDTETOUR – HANSEZEIT UND BACKSTEINGOTIK
3	Route 3 - OSTSEE- UND BODDENKÜSTE
4	Route 4 - MECKLENBURGISCHE SEENPLATTE – TAUSEND-SEEN-TOUR
5	Route 5 - DIE INSEL USEDOM UND POMMERNS KÜSTE
6	Route 6 - SEEBAD-TOUR ZWISCHEN ROSTOCK UND WISMAR

A 7	Autobahn mit Anschlussstelle	C 10	Campingplätze
75	Schnellstraße	S 10	Stellplätze
	Fernstraße		Sehenswürdigkeit - Kultur
	Nebenstraße		Sehenswürdigkeit - Natur
	Sonstige Straße		Kirche, Kloster
	Fahrweg		Klosterruine
	Eisenbahn		Schloss
	Flüsse		Schlossruine
	See		Museum
	Bebauung		Höhle
	Natur-, Nationalpark		Windmühle
	Staatsgrenze		Leuchtturm
			Hünengrab
			Aussichtspunkt
			Flughafen

HUBER KARTOGRAPHIE

N

0 5 km

1 : 300000

A
B
C
D
1
2
3
4
5
6
O S T S E E
Nationalpark
Vorpommersche
Boddenlandschaft
Darßer Ort
Seemannskirche
Prerow
S 302
Zingst
Z i n g s t
D a r ß
Wieck am Darß
Rehberge
Bliesenrade
Bodstedter Bodden
Bresewitz
Barther Bodden
Grabow
S 301
Pruchten
Born am Darß
Bodstedt
Marienkirche
Barth
Küstrow
Ahrenshoop
Althagen
Hohes Ufer
Niehagen
Wustrow
Michaelsdf.
Neuendorfer Heide
Fuhlendorf
Hermannshagen Heide
Saaler Bodden
Fischland
Neuendorf
Hermannshof
Divitz
Spoldershagen
Kenz
Rubitz
Flemendorf
Groß Kordshagen
Neu Bartelshagen
Buschenhagen
Lassentin
Wüstenhagen
Bisdorf
Batevitz
Nisdorf
Günz
Neuenpleen
Dövendi
Saatel
Löbnitz
Karnin
Kummerow
Martensdorf
Saal
Hessenburg
Bartelshagen II b. Barth
Lüdershagen
Martenshagen
Barthe
Langendamm
Saaler Bach
Manschenhagen
Starkow
Bussin
Velgast
Dierhagen Strand
Dierhagen
Neuhaus
Dändorf
Beiershagen
Neuhof
Kindshagen
Mittelhof
Wiepkenhagen
Altenwillershagen
Tempel
Altenhagen
Schuenhagen
Ribnitzer See
Damgarten
Behrenshagen
Trinwillershagen
Neuenlübke
Hövet
Neuseehagen
Jakobsdorf
Graal-Müritz
Klockenhagen
Rostocker Tor
Ribnitz-Damgarten
Deutsches Bernsteinmuseum
Freilichtmuseum
Hirschburg
Daskow
Ahrenshagen
Weitenhagen
Wolfshagen
Berthke
Pantlitz
Recknitz
Schlemmin
Ravenhorst
Behrenwalde
Richtenberg
Rostocker Heide
Altheide
Petersdorf
Tressentin
Tribohm
Millienhagen
Franzburg
Gelbensande
Willershagen
Kuhlrade
Poppendf.
Zornow
Spiekersdorf
Koitenhagen
Oebelitz
Semlow
105
Bartelshagen I
Allerstorf
Leplow
Klosterwulfshagen
Brünkendorf
Plennin
Dolgen
Wolfsdorf
Rövershagen
Behnkenhagen
Blankenhagen
Völkshagen
Eixen
Vogtshagen
Alt Guthendorf
Marlow
Wohsen
Bisdorf
Hugoldsdorf
Hohenbarnekow
Mönchhagen
Volkenshagen
Cordshagen
Mandelshagen
Gresenhorst
Carlsruhe
Langer Berg 56
Alt Steinhorst
Schulenberg
Kavelsdorf
Drechow
Pöglitz
Spliestdf.
Poppendorf
Landsdorf
Krakow
Vorland
Klein Kussewitz
Groß Kussewitz
Dänschenburg
Dettmannsdorf
Fahrenhaupt
Bad Sülze
Rekentin
Gremersdorf
Redderstorf
Fienstorf
Steinfeld
Wendorf
Sagerheide
Reppelin
Stubbendorf
Kucksdorf
Tribsees
Siemersdorf
Kirch Baggendorf
Broderstorf
Thulendorf
Schabow
Langsdorf
Stremlow

187

1
2
3
4
5
6
Kap Arkona
Varnkevitz
Putgarten
Vitt
Nonnewitz
Fernlüttkevitz
Mattchow
Gramtitz
Lancken
Starrvitz
Altenkirchen
C 106
Drewoldke
Dranske
Wieker Bodden
Wiek
Breege
Juliusruh
Tromper Wiek
Wittow
C 105
Bohlendorf
Breeger Bodden
Schaabe
C 103
Lohme
Nardevitz
Gr. Stubbenkammer
Königsstuhl
Stubbenkammer
Dornbusch
Grieben
Kloster
Vitter Bodden
Vitte
Bug
Rassower Strom
Schmantevitz
Bischofsdorf
Vieregge
Hochilgor
Ruschvitz
Nipmerow
Hagen
Glowe
Schloss Spyker
Bobbin
Baldereck
S 104
Piekberg
Nationalpark Jasmund
Neddesitz
Polchow
Jasmund
Buse-wase
Wittower Fähre
Breetzer Bodden
Neuenkirchen
Laase
Insel
Hiddensee
Schaproder Bodden
Neuendorf
Retelitz
Granskevitz
Libnitz
Tetzitzer See
Großer Jasmunder Bodden
Sagard
Rügen
Sassnitz
Schaprode
Trent
Neuendorf
Tribbevitz
Rappin
Dubnitz
Bodden
Udarser Wiek
Venz
Kartzitz
Lietzow
Neu Mukran
Silenz
Schweikvitz
Gnies
Koselower See
Kluis
Gagern
Patzig
Ralswiek
Kleiner Jasmunder Bodden
Schmale Heide
Haide
Jarnitz
Ummanz
Pansevitz
Eisenbahn- und Technikmuseum
Gellen
Suhrendorf
Dorfkirche
Gingst
Ramitz
Thesenvitz
Stegar
Prora
Waase
Parchtitz
Prorer Wiek
Wusse
Boldevitz
Buschvitz
S 300
Freesenort
Groß Kubitz
Muglitz
Rugard
Lubkow
Streu
Erlebnisbad Vitamar
Barhöft
Lieschow
Neuendorf
Marienkirche
Bergen auf Rügen
Karow
Binz
Unrow
Platvitz
S 102
Schmachter See
Kubitzer Bodden
Dreschvitz
Groß Kubbelkow
Zirkow
Jagdschloss Granitz
Landow
Neklade
Liebitz
Klausdorf
Tilzow
Dolgemost
Sellin
S 101
Güttin
Sehlen
Mölln-Medow
Museumsbahn
Rasender Roland
Lancken-Granitz
Selliner See
Baabe
Grabitz
Rothenkirchen
Negast
Ketelshagen
Seedorf
Breesen
Putbus
Vilmnitz
Biosphärenreservat Südost-Rügen
Gohren
Prohn
Parow
Rambin
Samtens
Karnitz
Lauterbach
Middelhagen
Rookhus
Barnkevitz
Kramerhof
Kasnevitz
Schlosspark
Neu Reddevitz
Having
Scharpitz
Bergtase
Alt Reddevitz
Lobbe
Frankenthal
Götemitz
Vilm
Mönchgut
Altefähr
Krakvitz
Neukamp
Gager
C 100
Jarkvitz
Groß Stubben
E.-M.-Arndt-Museum
Stralsund
Ozeaneum
Garz/Rügen
Groß Zicker
Rathaus
Nikolaikirche
Marienkirche
Wulfsberg
Rügischer Bodden
202
Gustow
Poseritz
Klein Zicker
Thiessow
Deutsches Meeresmuseum
Dumsevitz
Drigge
Benz
Swantow
Silmenitz
Langendorf
Sissow
Puddemin
Geburtshaus von Ernst-Moritz-Arndt
Südperd
Mellnitz
Groß Schoritz
Prosnitz
Lüssow
Neu Lüdershagen
Devin
Venzvitz
Zudar
Zicker
Glutzow Siedlung
Niederhof
Losentitz
Poppelvitz
Strelasund
Neuhof
Wendorf
Glewitz
Grabow
Brandshagen
Zarrendorf
Oberhinrichshagen
Stahlbrode
Krummenhagen
Reinberg
Ahrendsee
Elmenhorst
Bookhagen
Falkenhagen
Greifswalder Bodden
Behnkendorf
Miltzow
Reinkenhagen
Riemserort
Insel Riems
Koos
Spandowerhagener Wiek
Hildebrandshagen
Jeeser
Wittenhagen
Kirchdorf
Gristow
Insel Koos
Spandowerhagen
Glashagen
Wilmshagen
Mannhagen
Karrendorf
Stoltenhagen
Bremerhagen
Jager
Mesekenhagen
Lubmin
Freest
Karlsberg
Kooser Berg
Wampen
Nonnendorf
Schönenwalde
Hohenwarth
Horst
Klein Kieshof
Gahlkow
Loissin
Vierow
Wusterhusen
Holthof
Willerswalde
Groß Petershagen
Neuenkirchen
Brünzow
Pritzwald
Voddow
Bartmannshagen
Wüst Eldena
Ryck
Jarmshagen
S 201
Ludwigsburg
Gustebin
Rubenow
St. Marienkirche
Marienkirche
Rathaus
Grimmen
Kaschow
Willershusen
Wackerow
Dom St. Nikolai
Museumshafen
Stilow
Ziese
Groß Ernsthof
Prützmannshagen
Klosterruine
Wieck
Eldena
Levenhagen
Greifswald
Neuendorf
Kemnitz
Lodmannshagen
Griebenow
Boltenhagen
Friedrichshagen
Neu Boltenhagen
Jessin
Klevenow
Alt Ungnade
Kemnitzerhagen
Kühlenhagen
Wüsteney
Klein Bisdorf
Neu Ungnade
Weitenhagen
Borgstedt
Boltenhagen
Friedrichsfelde
Hanshagen
Jägerhof
190

A
B
C
D
1
2
3
4
5
6
Mecklenburger Bucht
C 602
Kühlungsborn
Kühlungsborn West
Kühlungsborn Ost
Kägsdorf
Meschendorf
C 601
Heiligendamm
Börgerende-Rethwisch
Nienhagen
Elmenhorst Lichtenhagen
Admannshagen
Wittenbeck
Bastorf
Kühlung
Steffenshagen
Vorder Bollhagen
Klosterkirche
Bad Doberan
Brodhagen
Mechelsdorf
Rerik
Diedrichshagener Berg 129
Diedrichshagen
Wustrow
Gersdorf
Jennewitz
Reddelich
Hohenfelde
Biendorf
Zweedorf
Kröpelin
Salzhaff
Roggow
Jörnstorf
Retschow
Denkmalhof
Hastorf
44
Westenbrügge
Schmadebeck
82
Hanstorf
Kielung
Pepelow
Rakow
Neubukow
Altenhagen
Reinshagen
Poel
Gollwitz
Boiensdorf
Krempin
Rederank
Bölkow
Kaltenhof
Bantow
Kirchdorf
Vorwerk
Stove
Niendorf
Alt Bukow
Ravensberg
Karin
Gerdshagen
Heiligenhagen
Timmendorf
S 603
Damekow
Blowatz
Kamin
Satow
Breitling
Kirchsee
Friedrichsdorf
Nantrow
Garvensdorf
Klein Mulsow
Rosenhagen
Hohen Luckow
Robertsdorf
105
86
Radegast
Fährdorf
Alt Farpen
Lischow
Madsow
Kirch Mulsow
Berendshagen
Jürgenshagen
Hagebök
Groß Strömkendorf
Neuburg
Zarnekow
Wakendorf
Passee
Wismarbucht
Krusenhagen
Steinhsn.
Tatow
Bäbelin
Goldberg
Klein Gischow
Groß Gischow
Hohen Wieschendorf
Warnkenhagen
Neuendf.
Poischendorf
Gnemern
Beckerwitz
Gagzow
Kartlow
Zierow
Kalsow
Züsow
Glasin
Penzin
Gramkow
Verkehrsmuseum
S 205
Gamehl
Moltenow
Viezen
Hohenkirchen
49
Eiserne Hand
Hornstorf
Benz
Groß Tessin
Klein Sien
Bernitt
Selow
S 204
Manderow
Kritzow
Schmakentin
Goldebee
Neuhof
Babst
Großtessiner See
Langen Trechow
Gägelow
Weitendorf
Nikolaikirche
Altstadt
Wismar
Nevern
Perniek
Käterhagen
Moisall
Kurzen Trechow
Jassewitz
Groß Woltersdorf
106
Krassow
Klosterkirche
Lüdersdorf
Langer Berg 147
Schlemmin
Bützower See
Barendorf
Barnekow
Triwalk
Zurow
Neukloster
Jabelitz
Neuendf.
Kahlenberg
Lübberstorf
Steinhagen
Gressow
Metelsdf.
Karow
Reinstorf
Göllin
Katelbogen
Naschendorf
Kläsow
Krönkenhagen
Klüssendf.
Lübow
Masslow
Fahren
Neuklostersee
Pennewitt
Qualitz
Kiesenberg 90
Großer Rühner See
Quaal
Lutterstorf
Rambow
Dorf Mecklenburg
Schimm
Neperstorf
Büschow
Baumgarten
Großer Wariner See
Rühn
Plüschow
Beidendf.
Moidentin
Moltow
Schependorf
Grapen Stieten
192
Mankmoos
Wendorf
Groß Krankow
Groß Stieten
Kleekamp
Jesendf.
Warin
Laase
Warnow
Zernin
Klein Krankow
Naudin
Rastorf
Nisbill
Bibowsee
Klein Labenz
Großlabenzer See
Eickhof
Dreetz
Harmshagen
Bobitz
Niendorf
Hohen Viecheln
Bibow
Warnow
Schönhof
Dambeck
71
Ventschow
Neuhof
Friedrichswalde
Groß Labenz
Eickelberg
Steintanz von Boitin
Bad Kleinen
Dämelow
Neuhofer See
Blankenberg
Klein Raden
Dietrichshof
Dalliendorf
Drispeth
Klein Görnow
Rosenow
67
Neu Meteln
Flessenow
Rubow
Langen Jarchow
Zahrensdorf
Wipersdorf
Penzin
Groß Görnow
58
Lurrbarg
Lübzin
Moltenow
Zickhusen
Gallentin
Alt Meteln
Buchholz
Thurow
Brüel
Urgeschichtliches Freilichtmuseum
Neu Schlagsdorf
Hägen
Keezer See
Keez
Groß Raden
Loiz
Wendelstorf
Hof Meteln
Rugensee
Sternberger See
Trenntsee
Witzin
Schweriner
Retgendorf
Tessin
Kuhlen
Sülten
Sternberg
Dalberg-Wendelstorf
Klein Trebbow
Lübstorf
Golchen
Weitendorf b. Brüel
Pastin
Böken
104
Nutteln
Necheln
Kaarz
Mustin
Cambs
Hundorf
Gustävel
Warnow
Schönlage
Gägelow
Niendorf
Pingelshagen
Cramonshagen
Seehof
Rampe
Zaschendorf
Cambser See
192
Rothen
Holzendorf
Barner Stück
Kirch Stück
Müsselmow
Wendorf
Jülchendorf
Kobrow
Gottmannsförde
Zittow
Kritzow
Dabel
Wickendorf
Warnitz
Leezen
Stieten
Ziegelsee
Venzkow
Kukuk
104
Langen Brütz
Weberin
Friedrichsthal
Lankow
S 206
Vorbeck
Dessin
Hohen Pritz
Gneven
Schwerin
Demen
Neumühle
Dom
See
Basthorst
Ruest
Schweriner Schloss
Godern
Augustenhf.
Kobande
Staatliches Museum
Pinnower See
Gädebehn
Buerbeck
Wamckow
Ruester Siedlung
Prestin
106
Görries
20
14
2
6

184
188
190
E
F
G
H
1
2
3
4
5
6
Rostocker Heide
Warnemünde
Markgrafenheide
Hinrichshagen
Gelbensande
Willershagen
Bartelshagen I
Kuhlrade
Poppendf.
Tressentin
Tribohm
Zornow
Semlow
Spiekersdorf
Koitenhagen
Breitling
Rövershagen
Behnkenhagen
Blankenhagen
Völkshagen
Kloster Wulfshagen
Brünkendorf
Allerstorf
Plennin
Eixen
Hugoldsdorf
Stuthof
Vogtshagen
Cordshagen
Mandelshagen
Gresenhorst
Carlsruhe
Langer Berg 56
Alt Guthendorf
Marlow
Wohsen
Bisdorf
Groß Klein
Nienhagen
Mönchhagen
Volkenshagen
Alt Steinhorst
Schulenberg
Kavelsdorf
S 203
Hinrichsdorf
Poppendorf
Dänschenburg
Dettmannsdorf
Fahrenhaupt
Bad Sülze
Landsdorf
Unterwarnow
Klein Kussewitz
Groß Kussewitz
Albertsdorf
Steinfeld
Kölzow
Redderstorf
Bentwisch
Fienstorf
Wendorf
Kucksdorf
Dierkow
Marienkirche
Sagerheide
Reppelin
Stubbendorf
Dudendorf
Recknitz
Rostock
Thulendorf
Broderstorf
Wendfeld
Schabow
Langsdorf
Ostseestadion
Rathaus
Zoo
Sanitz
Stormstorf
Gnewitz
Ehmkendorf
Böhlendorf
Roggentin
Groß Lüsewitz
Zarnewanz
Liepen
Helmstorf
Grammow
Breesen
Kessin
Niekrenz
Vietow
Horst
Thelkow
55
Alt Stassow
Behren-Lübchin
Tangrim
Kritzmow
Groß Stove
Bandelstorf
Petschow
Lieblingshof
Tessin
Kowalz
Vilz
Viecheln
Bäbelitz
Niendorf
Papendorf
Niex
Cubkow
Weitendorf
Nustrow
Autobahnkirche
Schlage
Prangendorf
Wohrenstorf
Basse
Samow
Quitzenow
Buchholz
Damm
Dummerstorf
Selpin
Woltow
Pölchow
Kavelstorf
Göldenitz
Drüsewitz
Warbel
Strietfeld
Lühburg
Warbelow
Ziesendorf
Prisannewitz
Teschow
Cammin
Gnoien
Huckstorf
Groß Potrems
Goritz
Groß Niekohr
Warnow
Groß Viegeln
Klingendorf
Groß Ridsenow
Wesselstorf
Neu Niekohr
Dölitz
Benitz
Scharstorf
Klein Potrems
Alt Kätwin
Kobrow
Walkendorf
Klein Lunow
Boddin
Zeez
Dolgen
Klein Lantow
Spotendorf
Polchow
Holz Lübchin
Wiendorf
Sabel
Groß Lantow
Stechow
Dalwitz
Groß Lunow
Schwaan
Niendorf
Wardow
Grieve
Alt Vorwerk
Granzow
Striesdorf
Laage
Rensow
Hohensprenzer See
Regionalflughafen Rostock-Laage
Pludderbach
Wozeten
Stierow
Göldenitz
Jahmen
Prebberede
Poggelow
Remlin
Vorbeck
Hohen Sprenz
Weitendorf
Breesen
Belitz
Vietschow
Rukieten
47
Liessow
Schweez
Neu Heinde
Groß Bützin
Schwasdorf
Werle
Kritzkow
Jördenstorf
Mistorf
Siemitz
Zehlendf.
Schloss Rossewitz
Diekhof
Schwiessel
Groß Wüstenfelde
Gehmkendorf
Kassow
Recknitz
Schaalbeke
Klenz
Goldewin
Käselow
Kuhs
Knegendorf
Drölitz
Striesenow
Matgendorf
Schwetzin
Klein Markow
Oettelin
Dorfkirche
Diekhf. Siedlung
Schmooksberg 127
Gottin
Tellow
Sukow-Marienhof
Groß Markow
Groß Schwiesow
Karow
Spoitgendorf
Pölitz
Warnkenhagen
Todendorf
Levitzow
Zepelin
Lüssow
Sarmstorf
Plaaz
Tolzin
Thürkow
Teterower Peene
Bützow-Güstrow-Kanal
Wendorf
Bartelshagen
Dalkendorf
Alt Sührkow
Hardtberg 121
Karnitz
Nebel
Gülzow
Strenz
Glasewitz
Schlieffenbg.
Parum
Mierendf.
Rachow
Appelhagen
Teterower Bergring
Mecklenburger
Parumer See
Gertrudenkapelle
Güstrow
Roggow
Mieckow
Teterower See
Teschow
Ernst-Barlach-Gedenkstätte
Dom
Natur-u. Umweltpark
Gremmelin
Niegleve
Wotrum
Groß Roge
Teterower Heidberge
100
Teterow
Hohen Mistorf
Retzow
Boldebuck
Sumpfsee
Klueß
Warinsee
Wattmannshagen
Stadttore
Pisede
Bülow
Inselsee
Vietgest
Neu Wokern
Niendorf
Remplin
Karcheez
Gutow
Mühl Rosin
Kirch Rosin
Nienhagen
Lalendorf
Raden
Groß-Wokern
Grambzow
Neu Panstorf
Bolkow
Schwiggerow
Vogelsang
Schweiz
Hägerfelde
Ganschow
Badendiek
Nebel
Hoppenrade
Lübsee
Mamerow
Nienhagen
Hohen-Demzin
Glasow
Dahmer Kanal
Braunsberg
Lüdershagen
Bansow
Klaber
Bristow
Upahl
Gerdshagen
Zehna
Steinbeck
Striggow
Dersentin
Rothspalk
Röthelberg 96
Schloss Basedow
Klein Upahl
Neuhof
Bellin
Klein Grabow
Groß Grabow
Koppelow
Hinzenhagen
Kuchelmiß
Langhagen
Barz
Burg Schlitz
Bülow
Seedorf
Basedow
Groß Breesen
Charlottenthal
Ahrenshagen
Klein Luckow
Großen-Luckow
Malchiner See
Lieper
Lohmen
Reimershagen
Groß Tessin
Langwitz
Altenhagen
Oldenstorf
Suckwitz
Megalithgräber
Serrahn
Dahmen
Rothenmoor
Woseriner See
Krakow a. See
Hallalit
Kirch Grubenhagen
und Kummerower
Lupendorf
Alt Sammit
Groß Bäbelin
Rambow
Schwinkendorf
Kirch Kogel
Naturpark
Möllen
Vollrathsruhe
Klocksin
Moltzow
Tressow
Ritzerau
Langsee
Zietlitz
Flacher See
Dobbertin
Bossow
Dobbin
Hohen Wangelin
Marxhagen
Lütgendorf
Lüschow
Nossentiner-
Schwinzer
Heide
Krakower See
Malkwitzer See
Tiefer See
Sophienhof
Sommerstorf
127
Dobbertiner See
Goldberger See
Alt Gaarz
Mecklenburgische Schweiz
Mecklenburgische Schweiz und Kummerower See
Teterower Heidberge
2
3
19
20
103
105
108
110
104
16
27

187

A
B
C
D
1
2
3
4
5
6
Güstrow
Schloss Güstrow
Barlach-Werkstätte
Dom
Inselsee
Käselow
Kuhs
Sarmstorf
Glasewitz
Spoitgendorf
Recknitz
Diekhf. Siedlung
Schmooksberg 127
Plaaz
Wendorf
Mierendf.
Tolzin
Pölitz
Warnkenhagen
Bartelshagen
Roggow
Niegleve
Gremmelin
Wattmannshagen
Wotrum
Mieckow
Appelhagen
Dalkendorf
Todendorf
Thürkow
Levitzow
Teterower Bergring
Teterower See
Teterow
Sukow-Marienhof
Alt-Sührkow
Groß Markow
Teterower Peene
Karnitz
Hardtberg 121
Mecklenburger Schweiz
Teschow
Gorschendorf
Retzow
Remplin
Pisede
Neukalen
Salem
98
Kummerower See
S 406
Malchin
Pfarrkirche St. Maria und Johannes
Schloss Remplin
Neu Panstorf
Niendorf
Grambzow
Klueß
Lalendorf
Vietgest
Raden
Groß Roge
Groß Wokern
Mühl Rosin
Nienhagen
Bölkow
Kirch Rosin
Schwiggerow
Lübsee
Vogelsang
Mamerow
Nienhagen
Hohen-Demzin
Glasow
Bristow
Dahmer Kanal
Schloss Basedow
Basedow
Gielow
Duckow
Scharpzow
Klipsenberg 57
Pinnow
Lüdershagen
Steinbeck
Hoppenrade
Striggow
Bansow
Kläber
Rothspalk
Röthelberg 96
Burg Schlitz
Bülow
Malchiner See
Seedorf
C 407
Dahmen
Rothenmoor
Langwitz
Liepen
Demzin
Bellin
Klein Grabow
Groß Grabow
Koppelow
Dersentin
Langhagen
Klein Luckow
Barz
Kirch Grubenhagen
Groß Breesen
Groß Tessin
Megalithgräber
Krakow a. See
Ahrenshagen
Serrahn
Krakower See
Groß Bäbelin
Hallalit
Vollrathsruhe
Klocksin
Rambow
Lupendorf
Christinenhof
Zettemin
Faulenrost
Schwinkendorf
Tressow
Moltzow
Alt Sammit
Langsee
Möllen
Zietlitz
Hohen Wangelin
Dendrologischer Park Blücherhof
Flacher See
Marxhagen 127
Hinrichshagen
Rittermannshagen
Hungerstorf
Lansen
Bossow
Dobbin
Linstow
Lütgendorf
Sophienhof
Sommerstorf
Alt Falkenhagen
Alt Schönau
Groß Gievitz
Sorgen
Naturpark
Nossentiner
Schwinzer
Heide
Krakower See
Malkwitzer See
Tiefer See
Alt Gaarz
Neu Gaarz
Grabowhöfe
Baumgarten
Jägerhof
Torgelower See
Torgelow am See
Alt Schloen
Glave
Sandhof
Damerower See
Drewitzer See
Nossentiner Hütte
Silz
Nossentin
Jabel
Schwenzin
Vielist
Waren (Müritz)
Schloen
Kargow
Klein Wangelin 82
Karow
Mönchbusch
Agrarhistorisches Museum
Wisente-Schaugehege
Kölpinsee
Fleesensee
Ferienzentrum Land Fleesensee
C 408
Müritzeum
Feisneck-see
C 409
Penzlin
Zarchlin
Leisten
Alt Schwerin
Sparow
Untergöhren
Wendhof
Klink
Schloss Klink
Federow
Müritz
Daschow
Plauerhagen
Quetzin
Malchow
Göhren-Lebbin
Altenlinden
Wasserstraße
Müritz-Elde-
Plau a. See
Plauer See
Lenz
Kloster Malchow
Penkow
Roez
Poppentin
Sembzin
Rederang-see
Specker See
Klebe
Barkow
Grüssow
Kisserow
Sietow
Sietow Dorf
Lalchow
Plötzenhöhe a. See
Adamshoffnung
Lexow
Zierzow
Gotthun
Kritzow
Reppentin
Zislow
Walow
Hinrichsberg
Schlemmin
Gaarz
Silbermühle
Kogeler See
Groß Kelle
C 400
Gnevsdorf
Dresenow
Suckow
Satow
Kogel
Woldzegarten
Boek
Wangelin 118
Bad Stuer
Gneve
Vietlübbe
Stuer
Rogeez
Minzow
Röbel/Müritz
Marienkirche
Ludorf
Hof Retzow
Ganzlin
Stuer Vorwerk
Leizen
Nätebow
Zielow
Klein Damerow
Retzow
Neu Stuer
Altenhof
Käselin
Dambeck
Bollewick
Karchow
Mohrberg 111
Solzow
Rechlin
Leppinsee
Wendisch Priborn
Darze
Fincken
Bütow
Vipperow
Tönchow
Knüppeldamm
Wildkuhl
Friedrichshof
Vietzen
Retzow
Krempendorf
Jaebetz
Kambs
Meyenburg
Buddenhagen
Massow
Zepkow
Priborn
Melz
Müritz-see
Lärz
Havel-Kanal
Bergsoll
Freyenstein
Grabow-Below
Elde
Wredenhagen
Frehne
Penzlin
Schmolde
Neu Cölln
Mönchsee
Kieve
Buchholz
Nebel
Krümmel
Warnsdorf 152
Below
106
Gerdshagen
Niemerlang
Sewekow
Langhagensee
Buschhof
187
19
103
104
108
192
198
191
4

190
E
F
G
H
Schönfeld
Lindenhof
Leistenow
Roidin
Strehlow
Sternfeld
Pritzenow
Krien
Brenkenhof
Nerdin
Blesewitz
Beggerow
Gatschow
Hohen-
büssow
Bartow
Groß Below
Ilven
Wegezin
Thurow
Neuen-
kirchen
Schwichten-
berg
Hohenbrünzow
Kaslin
Ganschendorf
Peeselin
Golchen
Neuendorf B
Dennin
Spantekow
Borrentin
Gnevkow
Breest
Japenzin
Drewelow
Gnevezow
Hohen-
bollentin
Sarow
Letzin
Großer Landgraben
Peene-Südkanal
Moltzahn
Törpin
Burow
Rehberg
Rebelow
Hellberg
54
Philippshof
Neu-
Kentzlin
Lindenberg
Altenhagen
Seltz
Kölln
Borntin
Weltzin
Wodarg
Ramelow
110
Krusemarks-
hagen
Alt Kentzlin
Neuenhagen
Gültz
Rose-
marsow
Kessin
Siedenbollentin
Schwanbeck
Boldekow
Markow
Fahrenholz
Tollense
Dishley
Zinzow
Zolken-
dorf
Kriesow
Tützpatz
Buchar
Grapzow
Werder
Augraben
Landgraben
Schloss Ivenack
Gützkow
83
Pripsleben
Geopark
Mecklenburgische
Eiszeitlandschaft
Beseritz
Bresewitz
Ivenack
Borgfeld
Röckwitz
Barkow
Grischow
Dahlen
Zwiedorf
Schossow
Altentreptow
Salow
Friedland
Reuterstadt
Stavenhagen
Japzow
Brunn
Kl. Landgraben
Pleetz
Grischow
Wolde
Reinberg
Thalberg
Ganzkow
46
Goddin
Groß
Teetzleben
Reggen-
hagen
197
Ritzerow
Wolkow
Kastorf
Wildberg
Neddemin
Rossow
Roga
Genzkow
Hohen-
stein
Krummsee
104
Galenbeck
84
Sülten
Rosenow
Knorrendorf
Breesen
Podewall
Neverin
20
Staven
Datze
Heinrichswalde
Brohm
Lebbin
Kalübbe
Bassow
Jatzke
Kittendorf
Briggow
Gädebehn
99
Tarnow
Pinnow
Woggersin
Trollen
hagen
Neuen-
kirchen
Sadelkow
Charlotte
Eichhorst
Bredenfelde
Klein Helle
Chemnitz
Ihlenfeld
Glienke
Schönbeck
Liepen
Friedrichs-
hof
96
Luplow
Schwandt
Mölln
Zirzow
Tollense
Neubranden-
burg
Warlin
Rühlow
Golm
Groß
Varchow
Groß Helle
Blankenhof
Weitin
Klosterkirche
Sponholz
Kublank
Badresch
Lehsten
Gevezin
Küssow
Oststadt
Holzendorf
Groß Flotow
Lapitz
Wulkenzin
Neuendorf
Kultur-
park
Pragsdorf
Neetzka
Ulrichshof
191
Tannen-
berg
124
Puchow
Mallin
4
C 405
Tollensesee
Cölpin
Marihn
Klein Lukow
192
Krukow
81
Bargens-
dorf
Lindenhof
S 404
Neu Käbelich
Pasenow
Rumps-
hagen
Ave
Neu
Rhäse
96
104
Alt Käbelich
Burg
Penzlin
Alt Rehse
Klein
Nemerow
Leppin
192
Penzlin
Rowa
Burg Stargard
Wendorf
Mollenstorf
Lübkow
Burg
Stargard
Petersdorf
Lindetal
4
Ankershagen
(Schliemanngemeinde)
Zahren
Groß
Vielen
Werder
Wustrow
Groß
Nemerow
Rosenhagen
Plath
Canzow
Sabel
Hollдorf
Ballin
193
Teschendorf
198
Klein
Vielen
Prillwitz
Lieps
Ballwitz
Gramelow
Rehberg
Hinrichshagen
Pieverstorf
Strelitzer Berg
116
Peckatel
Hohenzieritz
Zachow
Loitz
Naturpark
Usadel
Cammin
Göhren
86
Quaden-
schönfeld
Kratzeburg
90
Neuhof
Warbende
Bredenfelde
Wendfeld
Keulen-
berg
137
Neugarten
Dalmsdorf
Adamsdorf
Krumbeck
Grauen-
hagen
Käbelicksee
Blumenholz
Wanzka
Blankensee
Stolpe
Weisdin
Möllenbeck
Wendorf
Großer
See
166
park
Rödlin
Watzkendorf
Cantnitz
Feldberger
Lichtenberg
Breiter
Luzin
89
S 403
4
Thurow
Ollendorf
Schlicht
5
Tornowhof
Warbende
Havel
Zierker
See
Neustrelitz
Zinow
Dolgen
Luzin
Blankenförde
Müritz
Bergfeld
Fürstenhagen
198
Carpin
Grünow
Lüttenhagen
Haussee
Slawendorf
Schloss-
garten
Nationalpark
Witten-
hagen
Koldenhof
Userin
Strelitz Alt
Hirschberg
143
Feldberg
Fürstenau
Roggentin
Useriner
See
Goldenbaum
Neuhof
Buchenhof
Groß
Quassow
Conow
Großer
Fürstensee
See
Carwitzer
See
Mellenau
Zwenzow
Klein
Trebbow
Läven
Großer
Labussee
Havel
96
Fürstensee
Grammertin
Carwitz
H. Fallada-
Haus
Krewitz
Woblitz
see
Seenlandschaft
Leussow
Below
Funkenhagen
6
Krüseliner
Mühle
Thomsdorf
S 402
Wesenberg
198
72
Wokuhl
Steinrode
Beenz
Mechow
Rosenow
99
Dabelow-
see
Drewensee
Großer
Mechowsee
Zirtow
Godendorf
Rutenberg
122
Ahrensberg
Dabelow
Drosedow
Wustrow
Hartenland
Wagnitz-
see
Althymen
Retzow
Großer
Küstrinsee
1
2
3
4

185

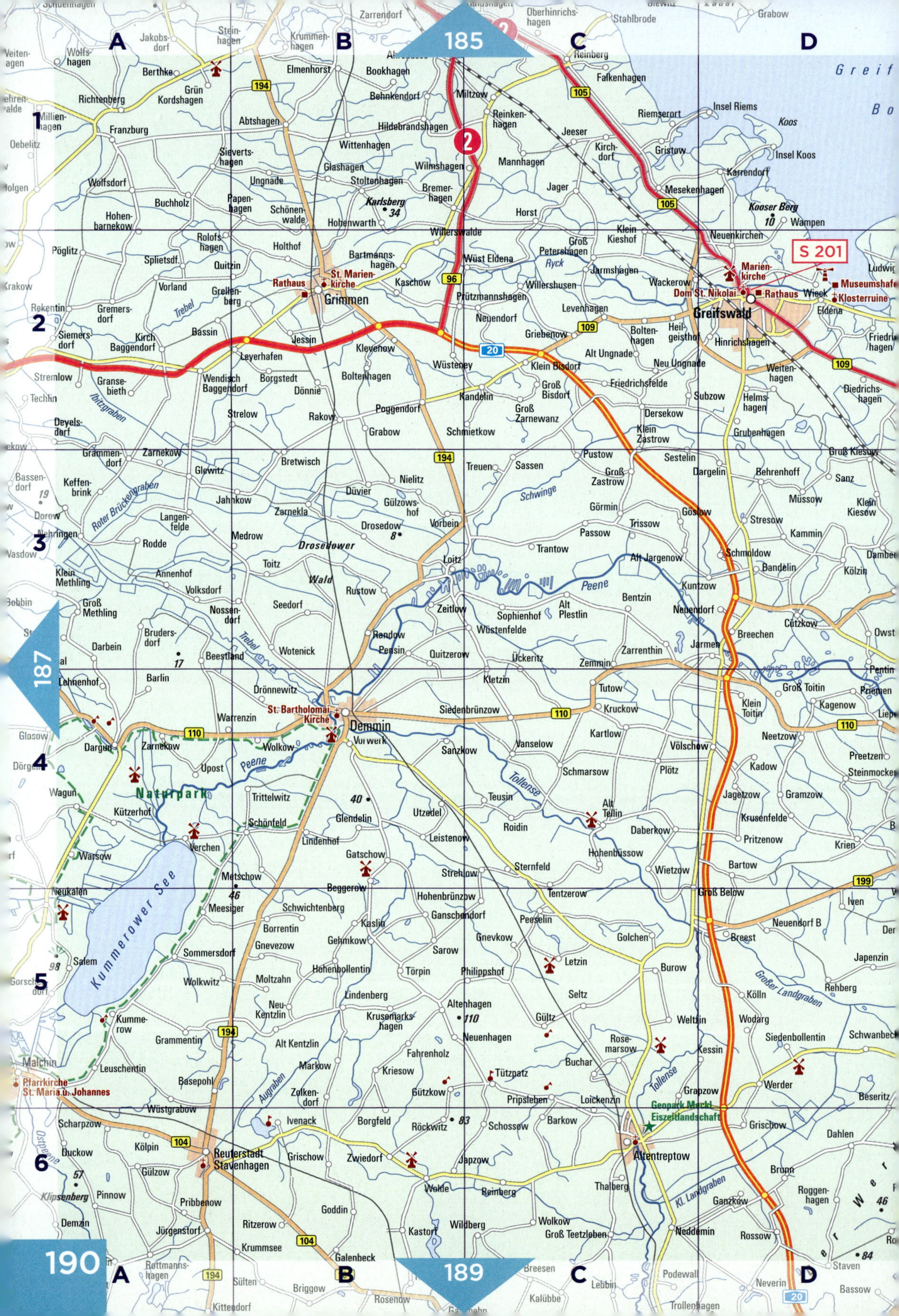

A
B
C
D
1
2
3
4
5
6
S 201
Greifswald
Marienkirche
Dom St. Nikolai
Rathaus
Museumshafen
Klosterruine
Wieck
Eldena
Wampen
Kooser Berg
Insel Riems
Insel Koos
Koos
Riemserort
Gristow
Karrendorf
Mesekenhagen
Neuenkirchen
Reinberg
Falkenhagen
Stahlbrode
Oberhinrichshagen
Zarrendorf
Miltzow
Reinkenhagen
Jeeser
Kirchdorf
Mannhagen
Jager
Horst
Klein Kieshof
Groß Petershagen
Jarmshagen
Wackerow
Ryck
Willershusen
Levenhagen
Wüst Eldena
Prützmannshagen
Neuendorf
Griebenow
Alt Ungnade
Boltenhagen
Heilgeisthof
Neu Ungnade
Hinrichshagen
Weitenhagen
Friedrichshagen
Diedrichshagen
Helmshagen
Subzow
Friedrichsfelde
Dersekow
Klein Zastrow
Grubenhagen
Groß Kiesow
Sestelin
Dargelin
Behrenhoff
Sanz
Müssow
Klein Kiesow
Stresow
Kammin
Gösłow
Schmoldow
Bandelin
Dambeck
Kölzin
Kuntzow
Neuendorf
Cützkow
Breechen
Jarmen
Owstin
Pentin
Groß Toitin
Klein Toitin
Kagenow
Priemen
Liepen
Neetzow
Preetzen
Steinmocker
Kadow
Völschow
Plötz
Jagetzow
Gramzow
Krusenfelde
Pritzenow
Krien
Bartow
Wietzow
Groß Below
Iven
Neuendorf B
Breest
Japenzin
Rehberg
Großer Landgraben
Kölln
Wodarg
Weltzin
Siedenbollentin
Schwanbeck
Kessin
Werder
Beseritz
Grapzow
Grischow
Dahlen
Bonn
Roggenhagen
Ganzkow
Rossow
Staven
Neverin
Bassow
Tollense
Geopark Meckl. Eiszeitlandschaft
Altentreptow
Thalberg
Kl. Landgraben
Neddemin
Podewall
Trollenhagen
Lebbin
Breesen
Kalübbe
Wolkow
Groß Teetzleben
Barkow
Loickenzin
Buchar
Rosemarsow
Seltz
Gültz
Burow
Golchen
Letzin
Peeselin
Tentzerow
Sternfeld
Hohenbüssow
Daberkow
Alt Tellin
Teusin
Roidin
Schmarsow
Vanselow
Kartlow
Kruckow
Tutow
Zemmin
Zarrenthin
Bentzin
Alt Plestlin
Peene
Alt Jargenow
Trissow
Passow
Görmin
Groß Zastrow
Pustow
Sassen
Treuen
Schwinge
Trantow
Sophienhof
Wüstenfelde
Quitzerow
Ückeritz
Kletzin
Siedenbrünzow
Sanzkow
Utzedel
Leistenow
Strehlow
Hohenbrünzow
Ganschendorf
Gnevkow
Sarow
Törpin
Philippshof
Altenhagen
Neuenhagen
Fahrenholz
Tützpatz
Pripsleben
Schossow
Gützkow
Röckwitz
Japzow
Reimberg
Wolde
Wildberg
Kastorf
Zwiedorf
Grischow
Ivenack
Borgfeld
Goddin
Galenbeck
Rosenow
Briggow
Sülten
Kittendorf
Rottmannshagen
Zolkendorf
Kriesow
Krusemarkshagen
Lindenberg
Hohenbollentin
Gehmkow
Kaslin
Borrentin
Schwichtenberg
Beggerow
Gatschow
Glendelin
Lindenhof
Trittelwitz
Schönfeld
Verchen
Metschow
Meesiger
Gnevezow
Sommersdorf
Wolkwitz
Moltzahn
Neu Kentzlin
Alt Kentzlin
Markow
Augraben
Grammentin
Basepohl
Wüstgrabow
Leuschentin
Kummerow
Kummerower See
Salem
Gorschendorf
Malchin
Pfarrkirche St. Maria u. Johannes
Scharpzow
Duckow
Ostpeene
Klipsenberg
Pinnow
Demzin
Gülzow
Kölpin
Reuterstadt Stavenhagen
Pribbenow
Jürgenstorf
Ritzerow
Krummsee
Naturpark
Neukalen
Warsow
Kützerhof
Wagun
Dargun
Zarnekow
Upost
Wolkow
Warrenzin
St. Bartholomai Kirche
Demmin
Vorwerk
Dönnewitz
Beestland
Wotenick
Trebel
Rendow
Pensin
Zeitlow
Loitz
Rustow
Seedorf
Nossendorf
Toitz
Drosedower Wald
Medrow
Zarnekla
Jahnkow
Düvier
Gülzowshof
Drosedow
Vorbein
Nielitz
Bretwisch
Glewitz
Langenfelde
Rodde
Annenhof
Volksdorf
Brudersdorf
Darbein
Barlin
Lehnenhof
Groß Methling
Klein Methling
Nehringen
Vasdow
Dorow
Bassendorf
Keffenbrink
Roter Brückengraben
Grammendorf
Deyelsdorf
Ibitzgraben
Techlin
Stremlow
Gransebieth
Siemersdorf
Rekentin
Gremersdorf
Kirch Baggendorf
Bassin
Leyerhafen
Wendisch Baggendorf
Borgstedt
Dönnie
Strelow
Rakow
Grabow
Poggendorf
Kandelin
Schmietkow
Groß Bisdorf
Groß Zarnewanz
Klein Bisdorf
Wüsteney
Boltenhagen
Klevenow
Jessin
Grimmen
Rathaus
St. Marienkirche
Vorland
Grellenberg
Spiietsdf.
Quitzin
Rolofshagen
Holthof
Pöglitz
Hohenbarnekow
Buchholz
Papenhagen
Schönenwalde
Hohenwarth
Bartmannshagen
Kaschow
Willerswalde
Karlsberg
Stoltenhagen
Bremerhagen
Glashagen
Wilmshagen
Wittenhagen
Hildebrandshagen
Siebertshagen
Ungnade
Wolfsdorf
Abtshagen
Behnkendorf
Bookhagen
Elmenhorst
Krummenhagen
Steinhagen
Jakobsdorf
Wolfshagen
Berthke
Grün Kordshagen
Richtenberg
Franzburg
Millienhagen
Oebelitz
Zarrendorf
105
109
110
194
199
104
96
20
2

187

189

E
F
G
H
185
189
1
2
3
4
5
6
Ruden
Spandowerhagener Wiek
Historisch-Technisches Museum
Spandowerhagen
Peenemünde
Lubmin
Freest
S505
C 504
C 503
C 502
C 500
C 501
S 200
Karlshagen
Nonnendorf
Kröslin
Vierow
Wusterhusen
Voddow
Gustebin
Pritzwald
Rubenow
Trassenheide
Zinnowitz
Zempin
Mölschow
Zecherin
Groß Ernsthof
Ziese
Ziesebruch
Lodmannshagen
Netzeband
Tierpark
St. Petrikirche
Bannemin
Krummin
Streckelsberg
Koserow
Kölpinsee
Usedom
Neu Boltenhagen
Kühlenhagen
Katzow
Schalense
Wolgast
Wolgaster Ort
Jägerhof
Pritzier
Sauzin
Neuendorf
Gnitz
Loddin
Hohendorf
Ziemitz
Lütow
Ückeritz
Wrangelsburg
Naturpark
Achterwasser
Peenestrom
Buddenhagen
Lühmannsdorf
Krebsow
Hohensee
Seeheilbad Bansin
Warthe
Grüssow
Wehrland
Zarnekow
Pudagla
Schmollensee
Ostseebad Heringsdorf
Seebrücke
Karlsburg
Schloss
Steinfurth
Zemitz
Waschow
Liepe
Sellin
Bansin Dorf
Züssow
Wahlendow
Dewichow
Seeheilbad Ahlbeck
Pulow
Benz
Balm
Gothensee
Pamitz
Buggow
Lassan
Rankwitz
Neppermin
Kückelsberg
Oldenburg
Bömitz
Papendorf
Reetzow
Krenzow
Krienke
Morgenitz
Labömitz
Korswandt
Groß Bünzow
Świnoujście (Swinemünde)
Rubkow
Lentschow
Buggenhagen
Mellenthin
Katschow
Ulrichshorst
Klein Bünzow
Suckow
Kachlin
Schlatkow
Daugzin
Murchin
Jamitzow
Zirchow
Golm
Konsages
Pinnow
Groß Polzin
Klotzow
Dargen
Görke
Kutzow
Garz
Wydrzany
Salchow
Ziethen
Gummlin
Regionalflughafen Heringsdorf
Kamminke
Quilow
Menzlin
Usedom
Stolpe auf Usedom
Stolpe
Peene
Zecherin
Gellenthin
Welzin
Anklam
Grüttow
Marienkirche
Otto-Lilienthal-Museum
Kärniner Brücke (Mittelteil)
Karnin
Wilhelmshof
Tramstow
Görke
Gnevezin
Kamp
Postlow
Butzow
Gellendin
Bargischow
Stettiner Haff
Blesewitz
Woserow
Pelsin
Rosenhagen
Lüskow
Auerose
Neuenkirchen
Alt Teterin
Peene
Dargibell
Neu Kosenow
Busow
Bugewitz
ehemalige Festung
Stretense
Müggenburg
Leopoldshagen
Mönkebude
Panschow
Rossin
Kalkstein
Grambin
Altwarper Binnendünen
Drewelow
Ducherow
Ueckermünde
Wusseken
Hellberg
Rathebur
Bellin
Sarnow
Tierpark Ueckermünde
Vogelsang
Warsin
Bornstin
Schwerinsburg
Lübs
Liepgarten
Schmuggerow
Neuendorf A
Annenhof
Luckow
Glien
24
Wietstock
Hoppenwalde
Boldekow
Putzarer See
Löwitz
Heinrichshof
Zarow
Altwigshagen
Louisenhof
Meiersberg
Zinzow
Putzar
Torgelow-Holländerei
Demnitz
Sprengersfelde
Landgraben
Ueckermünder Heide
Eggesin
Bresewitz
Schwichtenberg
Ahlbeck
Blumenthal
Sandhagen
Klein Gumnitz
Eggesiner Teerofen
Ferdinandshof
Aschersleben
Fleetgraben
Friedland
Klockow
Heinrichsruh
Gegensee
Friedländer Große Wiese
Spechtberg
Kotelow
Lübbersdorf
Wilhelmsburg
Freilandmus. Ukranenland
Torgelow
Hohenstein
Galenbecker See
Drögeheide
Uecker
Galenbeck
Heinrichswalde
Hammer d. Uecker
Jatzke
Gehren
Neuensund
Rothemühl

IMPRESSUM

Verantwortlich: Kerstin Thiele
Redaktion und Lektorat: Christian Schneider
Layout- und Reihengestaltung: Mathias Frisch
Satz: Elke Mader
Repro: LUDWIG:media
Kartografie: Huber Kartografie
Herstellung: Alexander Knoll
Printed in Turkey by Elma Basim

★★★★★

Sind Sie mit diesem Titel zufrieden? Dann würden wir uns über Ihre Weiterempfehlung freuen. Erzählen Sie es im Freundeskreis, berichten Sie Ihrem Buchhändler, oder bewerten Sie bei Onlinekauf. Und wenn Sie Kritik, Korrekturen, Aktualisierungen haben, freuen wir uns über Ihre Nachricht an Bruckmann Verlag, Postfach 40 02 09, D-80702 München oder per E-Mail an lektorat@verlagshaus.de.

Unser komplettes Programm finden Sie unter www.bruckmann.de

Alle Angaben dieses Werkes wurden von den Autoren sorgfältig recherchiert und auf den neuesten Stand gebracht sowie vom Verlag geprüft. Für die Richtigkeit der Angaben kann jedoch keine Haftung übernommen werden, weshalb die Nutzung auf eigene Gefahr erfolgt. Insbesondere bei GPS-Daten können Abweichungen nicht ausgeschlossen werden. Sollte dieses Werk Links auf Webseiten Dritter enthalten, so machen wir uns die Inhalte nicht zu eigen und übernehmen für die Inhalte keine Haftung.
In diesem Buch wird aus Gründen der besseren Lesbarkeit das generische Maskulinum verwendet. Weibliche und anderweitige Geschlechteridentitäten werden dabei ausdrücklich mitgemeint, soweit es für die Aussage erforderlich ist.

Bildnachweis: Alle Abbildungen des Umschlags und des Innenteils stammen von Udo Bernhart, mit Ausnahme von: S. 6 oben: Shutterstock/infinetsoft; S. 6 unten Mitte: Shutterstock/grebeshkovmaxim; S. 7 Mitte rechts: Shutterstock/Norbert9

Umschlagvorderseite: Zechriner Hafen
Umschlagrückseite: Schweriner Schloss

Die Deutsche Nationalbibliothek verzeichnet diese Publikation in der Deutschen Nationalbibliografie; detaillierte bibliografische Daten sind im Internet über http://dnb.d-nb.de abrufbar.

ISBN 978-3-7343-2301-0